KB203971

아직은 보이지 않을 뿐이다

아직은 보이지 않을 뿐이다

1판 1쇄 펴냄 2023년 12월 25일

지은이 장기창
펴낸이 한종호
디자인 임현주
인쇄·제작 미래피앤피

펴낸곳 꽃자리
출판등록 2012년 12월 13일
주소 경기도 의왕시 백운중앙로 45, 2단지 207동 503호(학의동, 효성해링턴플레이스)
전자우편 amabi@hanmail.net
블로그 http://fzari.tistory.com

ISBN 979-11-86910-50-4 03230
값 16,500원

아직은 보이지 않을 뿐이다

| 장기창 지음 |

꽃자리

목차

축하의 글

빛을 나르는 사람들

양문술/부평 세림병원 병원장

먼저 이 책의 발간을 위해 열정을 다하신 장기창, 이성희 목사님과 그 외 세림 의료봉사단의 여러 단원님들의 노고에 존경과 감사를 전합니다. 책의 내용과 사진들을 보니, 2012년 제가 처음 세림병원에 입사했을 때부터 장기창 목사님과 세림 의료봉사단의 사역에 대한 남다른 열정과 희생정신이 생각납니다.

'동전으로 병원을 만든다'라는 얘기를 처음 들었을 땐 '가능할까?', '그냥 말뿐이지 다른 후원이 있지 않을까?' 하고 생각했었습니다. 하지만 순수한 열정과 희생정신만으로 어려운 현실을 버텨갈 뿐 아니라 더 힘든 이들에게 하나님의 말씀을 전하고 도움을 주시려는 목사님과 전도사님들, 본원의 직원들을 보며 존경심과 더불어 한 편으로는 나는 남을 돕겠다는 생각을 한 번이라도 해본 적이 있었는지 되돌아보게 되었습니다.

이후 해외노동자들부터 시작하여 한 두 차례 해외 의료봉사 사역에도 참여하게 되었습니다. 늘 느끼는 마음이지만 의료봉사는 의사라는 직업에 대한 소명의식을 일깨워주고 살아가면서 실체를 알 수 없는 허전한 부분을 채워주는 정말 환상적인 경험이었습니다. 바쁘다는 핑계로, 또 거기에 코로나라는 긴 터널이 3년이라는 시간을 가져가 버려 기회가 없었지만 지금도 의료봉사를 같이했던 기억은 따뜻하고 좋은 추억으로만 기억됩니다.

목사님께서는 이 책의 제목을 '아직은 보이지 않을 뿐이다'라고 지으셨지만 세림병원 교회와 의료봉사단의 노고와 업적은 이미 어느 정도 열매를 맺은 나무가 되었다고 감히 말씀드립니다. 이 책에 나와 있는 지난 이야기와 사진들이 그 증거이며, '사랑의 동전'을 먹고 무럭무럭 크는 돼지들이 앞으로도 계속 열매를 맺는 밑거름이 될 것입니다.

코로나로 침체되어 있는 기간에도 항상 사명감을 잊지 않으시고 하나님의 사역을 행하시는 장기창, 이성희 목사님께 다시 한 번 감사와 축하의 말씀을 전하며 앞으로도 보이지 않는 길을 해쳐나가시는 여러분께 조금이나마 도움이 되도록 병원장으로서 최선을 다하겠다는 약속을 드립니다.

추천의 글

해외 의료선교의 길잡이

김영림 목사/한국 원목협회 이사장

생생하게 해외 의료선교의 현장을 간접적으로나마 접할 수 있는 도서 『아직은 보이지 않을 뿐이다』를 참으로 감명스럽게 읽었습니다.

과거 가난했던 우리나라의 병원과 교회, 학교는 해외 의료선교사들이 흘린 피와 땀으로 세워졌다고 해도 과언이 아닐 것입니다. 오늘날 선진경제 강국으로 발전하고 지구촌 곳곳에서 한국인이 선한 영향력을 발휘할 수 있는 원동력도 해외선교사들의 뿌렸던 선교의 열매가 아닐 수 없습니다.

장기창 목사님은 한결같은 마음으로 40년 이상 병원 원목으로 사역하시면서 많은 원목과 목회자들에게 귀한 선도적 역할과 선한 영향력을 안겨주셨습니다. 해외 의료선교 현장에서 병원건립을 하는 과정에 예상치 못한 많은 어려움이 있었지만 시행착오를 극복하시고, 아시아와 아프리카의 척박하고 가난한 지역에 병원과 보건소를 건립하셨습니다. 책 제목처럼 아직도 보이지 않지만 중단없는 해외 의료선교와 병원건립을 위해 매진하시고 있을 뿐만 아니라 앞으로도, 건강히 허락하시는 한 해외 의료취약지역에서의 병원건립과 선교사업을 위한 활동은 지속하시리라 믿습니다.

장기창 목사님께서 근 20여 년 동안 해외 의료취약지역에 병원을 세워 가난하고 소외된 이들의 거처가 된 것은 조선의 제중원을 세운 첫 선교사이자 의사인 알렌 선교사가 뿌린 의료선교 활동과 유사점이 많습니다. 아울러 장기장 목사님은 우리 민족이 받았던 의료시혜와 해외 의료선교사들이 뿌린 복음의 빚을 갚고 있는 셈입니다.

장기창 목사님의 해외 의료선교사역을 보면서 김현승 시인의 '감사하는 마음'이라는 마지막 연이 떠올랐습니다. "감사하는 마음–그것은 곧 아는 마음이다./내가 누구인가를 그리고/주인이 누구인가를 깊이 아는 마음이다." 이 책 곳곳에는 그 어렵고 힘든 난관 속에서도 '감사'가 넘쳐나고 자신이 누구인지, 이 일을 이루신 분에 대한 고백이 넘쳐납니다.

작금에 우리나라는 해외선교사 파송 강국이라고 칭함을 받고 있습니다만, 이번 저서를 통해 우리나라의 해외 의료선교의 꿈을 갖고 계신 의료인과 선교사, 목회자와 많은 성도님에게 귀한 간증이자 교과서와 같은 역할을 하는 길잡이가 될 것입니다.

여는 글

나는 그저 지켜보기만 했을 뿐이다

2001년 무료 병동 사역을 시작한 지 얼마 되지 않아 아픈 엄마와 둘이 살던 한 어린 소녀가 엄마를 치료해 준 것이 고마워 제 주먹만 한 돼지저금통에 모아 가져온 동전으로 하나님이 이렇게 귀하고 아름다운 이야기를 쓰게 하실지 누가 상상이나 할 수 있었겠는가?

우린 그저 그 돼지저금통의 동전을 함부로 쓸 수 없어, 그냥 모으기만 했을 뿐이다. 그렇게 10년쯤 되어갈 무렵 하나님은 그 동전으로 병원을 세우는 기적을 만들어 보여주시더니 옛날 언더우드에게 심으셨던 놀라운 꿈을 꾸게 하셨다. 이 책은 그 꿈을 통해 다섯 개의 기적을 만들어 주신 이야기이다.

내용을 정리하면서 적잖이 당혹스럽고 난감했다. 아무리 다듬어 봐도 그냥 가슴에 묻는 게 나은 내용이어서 접어버린 이야기들과, 쓰면 여러 가지 문제가 될 내용이어서 쓰지 못한 이야기가 너무 많아, 차 떼고 포 떼고 나니 졸만 남은 것 같고, 그런 이유로 스토리를 아무리 연결해보려 해도 난해하고 어색한 대목이 비일비재해 책을 내기가 영 내키지 않아서 몇 번을 덮었다가, 미루어 짐작할 수 있는 상상력과 행간을 읽는 혜안을 지닌 이들이 있음을 알기에 용기를 냈다.

나는 이 이야기를 정리하면서 굽이굽이 넘치는 하나님의 섭리와 은혜에 다시 놀라지 않을 수 없었고, 지금은 아무것도 보이지 않지만, 옛날 언더우드가 뿌린 씨앗이 오늘의 열매를 맺었듯, 언젠가는 분명 보일 것이라는 확신이 들어 『아직은 보이지 않을 뿐』이라는 이야기를 담아 이 책을 내놓는다.

이 일에 함께해준 수많은 이들이 밤하늘의 별처럼 하늘 가득 반짝인다. 하나님께서 연출하신 걸작품의 주인공들이다. 읽어보면 금방 알게 되겠지만 나는 그저 지켜보기만 했을 뿐이다. 오래 등장하긴 하지만 조연들 중에서도 조연이다.

비록 지금은 아무것도 보이지 않지만, 하나님께서 우리를 통해 심으신 사랑의 씨앗도, '아직은 보이지 않을 뿐', 결코 헛되지 않음을 믿는 믿음이 끝날까지 흔들리지 않도록 붙잡아 주시기를 기도한다.

2023년 12월

부평 세림병원 원목실에서 장기창

1장

기적이 시작된 동전 이야기

"목사님! 목사님!"

방문이 열리는 소리와 함께 다급하게 나를 부르는 소리가 들렸다. 통장 잔액을 확인하러 갔던 후원회 사무 간사가 흥분을 감추지 못하고 잔뜩 상기된 얼굴로 가쁜 숨을 몰아쉬며 통장을 내밀었다.

"목사님! 놀라지 마세요. 동전이 글쎄 4,100만 원이나 됐어요!"

"뭐? 뭐~라구? 4,100만 원이나?" 나도 깜짝 놀라지 않을 수 없었다.

우리는 캄보디아 의료봉사를 다녀온 후 곧바로 내년에 갈 나라를 물색하기 시작했다. 의료봉사 준비는 그렇게 1년 전부터 시작된다.

내년 후보지로 미얀마를 생각하고 K선교사에게 국제전화를 걸었더니 대뜸 하는 말이 자기가 병원을 운영하고 있었는데 작년에 문을 닫았다는 것이었다.

"그래? 아니 왜? 어쩌다가?"

안타까운 마음에 거의 비명처럼 물음을 반복했다.

"아니, 안 되겠다 혹시 언제쯤 들어올 계획은 없는가?" 나는 견딜 수 없을 정도로 마음이 다급해졌다.

그 이유는 좀 설명이 필요하겠다. 오래전부터 무료병동사역을 해 오면서 점점 커지는 안타까움이 있었다. 우리를 찾는 환자 중에는 병환이 이렇게 깊어지기 전에 조금만 일찍 왔으면 좋았을 텐데, 치료 시기를 놓쳐 치료가 어려운 환자들과 생명을 잃는 환자들이 많았기 때문이다. 호미로 막을 수 있었는데 가래로도 막아 지지 않는 게 마음이 너무 아파 지금도 어디선가 병을 키우고 있는 분들을 찾아 나서지 않을 수 없었다.

그래서 시작된 국내 의료봉사는 구로공단으로, 부평역으로, 김포 대곶이주민센터로, 시화공단 외국인센터로, 영종도 출입국외국인지원센터(난민보호소) 등으로 이어졌고 거기서 병원 치료가 필요한 환자를 만나면 노숙자든 쪽방촌 독거노인이든, 불법체류 외국인이든 난민이든 바로 병원에 데려와 치료해 주는 일은 신나는 일이었다. 마치 잃은 양을 찾은 것 같은 심정이었고 꺼져가는 생명을 건지는 기쁨이었다.

처음 무료 병동 사역을 시작할 때는 우리병원에 있는 환자가 대상이었는데 이젠 원외로 범위가 넓혀진 것이고 이것은 범위뿐 아니라 사역의 적극성이라는 측면에서 대단한 발전과 성장이었다.

그러니 얼마나 신이 나고 자긍심과 보람이 넘쳤겠는가? 얼마나 많은 사람들이 이 일에 참여했는지 그 숫자를 도저히 셀 수 없다. 병원에서도 발 벗고 나서서 지원해주셔서 마치 축제 같았다. 그런 모습을 확연히 느낄 수 있는 '국내의료봉사' 사진을 사역지 별로 몇 장씩

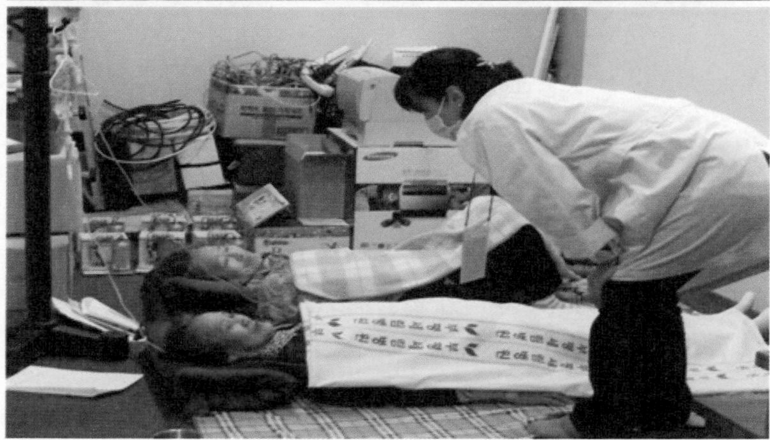

국내 의료봉사는 구로공단으로, 부평역으로, 김포 대곶이주민센터로, 시화공단 외국인센터로, 영종도 출입국외국인지원센터(난민보호소) 등으로 이어졌고 거기서 병원 치료가 필요한 환자를 만나면 노숙자든 쪽방촌 독거노인이든, 불법체류 외국인이든 난민이든 바로 병원에 데려와 치료해 주는 일은 신나는 일이었다. 마치 잃은 양을 찾은 것 같은 심정이었고 꺼져가는 생명을 건지는 기쁨이었다.

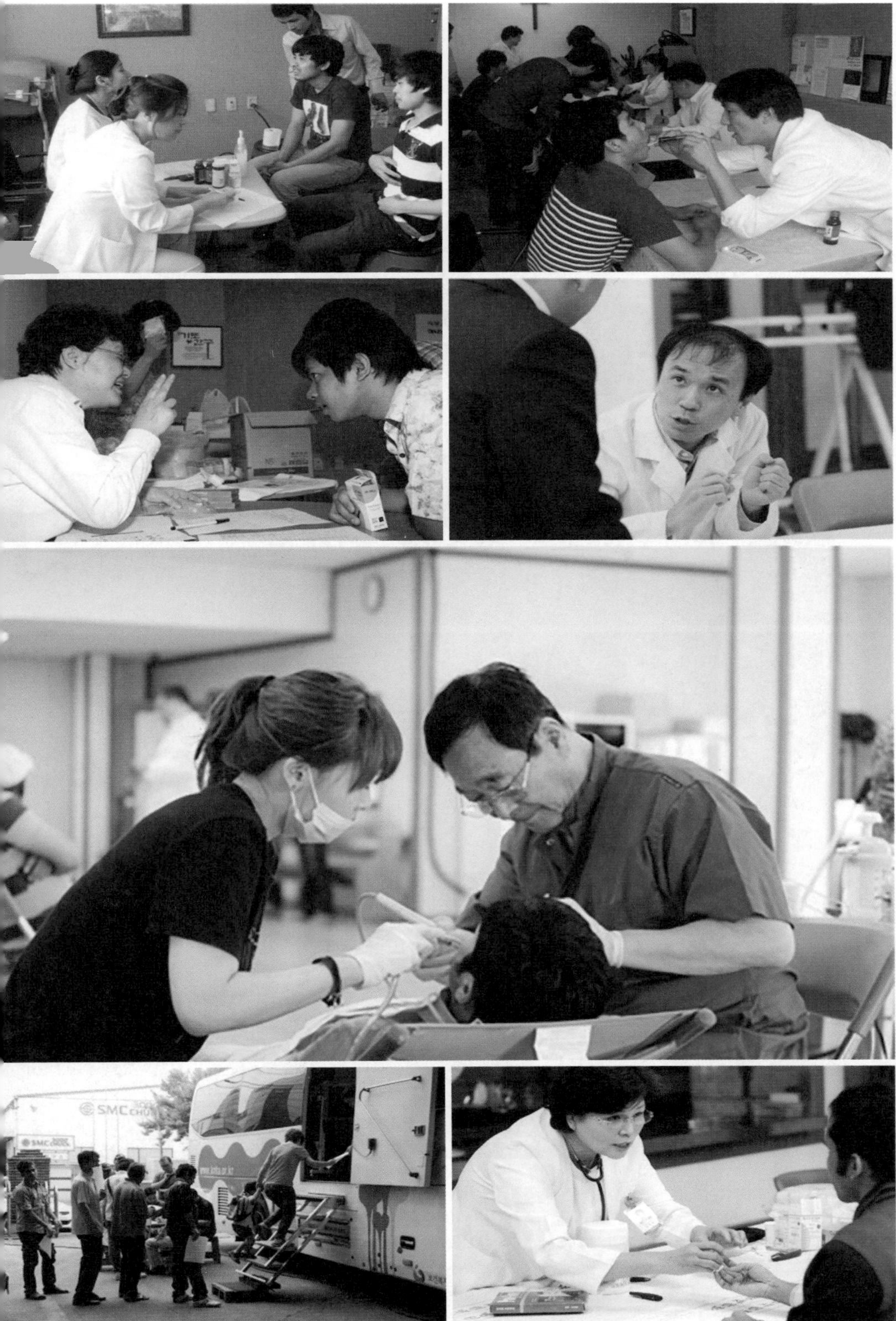

난민(難民, refugee, displaced persons). 일반적으로 생활이 곤궁한 국민, 전쟁이나 천재지변으로 곤궁에 빠진 이재민을 말한다. 우리 주위에 그런 이들이 있었다. 각자 여러 가지 이유로 자기의 고국을 떠날 수밖에 없는 이들이 영종도에 모여 있었다. 그들은 아무것도 가진 게 없었다. 경제적인 이유든 정치적인 이유든 그들은 살기 위해서 발버둥 치며 여기까지 온 것이다. 절망적인 상황에서도 희망의 끈을 놓지 않고 이곳에 온 것이다. 우리는 이들에게 육체의 아픔을 치유해주고 도와주며, 이것으로 영혼의 외로움과 아픔을 달래주고 치유해주기 위해 그리스도의 이름으로 갔다.

만 올린다.

난민센터 의료봉사

"난민(難民, refugee, displaced persons). 일반적으로 생활이 곤궁한 국민, 전쟁이나 천재지변으로 곤궁에 빠진 이재민을 말한다. 우리 주위에 그런 이들이 있었다. 각자 여러 가지 이유로 자기의 고국을 떠날 수밖에 없는 이들이 영종도에 모여 있었다. 그들은 아무것도 가진 게 없었다. 경제적인 이유든 정치적인 이유든 그들은 살기 위해서 발버둥치며 여기까지 온 것이다.

절망적인 상황에서도 희망의 끈을 놓지 않고 이곳에 온 것이다. 우리는 이들에게 육체의 아픔을 치유해주고 도와주며, 이것으로 영혼의 외로움과 아픔을 달래주고 치유해주기 위해 그리스도의 이름으로 갔다. '의료봉사'라는 이름으로 주의 마음을 품고 한 명 한 명 대했다. 예수께서 제자들의 발을 씻기셨을 때 이런 마음이었을까? 봉사하며 우리 봉사단원들의 눈을 보게 되었다. 그 눈빛에서 한 영혼을 향한 사랑, 간절함, 애틋함이 넘쳐나는 것을 느낄 수 있었다.

이들은 6개월 후에는 퇴소해야 한다. 영종도 난민센터에 오래 머물 수는 없다. 그들이 이곳에서 삶의 현장으로 나갈 때, 한 가지 꼭 가지고 나가는 것이 있었으면 한다. 바로 우리 의료봉사단이 전한 그리스도의 사랑으로 피어난 새로운 희망이다. 우리가 이렇게 섬길 수 있음을 하나님께 감사드린다."(한규황)

난민센터 감사인사

"안녕하세요. 저는 출입국 외국인지원센터 복지팀장 황미숙입니다. 이렇게 지면을 통해 세림병원 가족 여러분들께 감사 인사를 드리게 되어 무척 기쁘게 생각합니다.

인천시 중구 영종도에 위치한 우리 시설은 난민 신청자와 인도적 체류자, 재정착 난민 등이 약 6개월 동안 머물며 주거, 급식, 의료, 의류 지원 등을 제공받는 난민지원시설입니다. 세림병원은 우리 시설 입주민들의 의료지원을 위해 봉사해 오다가 2015년 1월 정식 업무협약을 체결한 뒤 계속 방문 진료를 해주시고 있습니다.

난민들이 새로 입주할 때마다 단체로 초청해 검진해줄 뿐 아니라 정기적으로 의사 선생님과 간호사 그리고 일반 봉사자들과 함께 방문하여, 혈압 및 혈당검사, 문진, 약 처방 등을 해주셔서 시설 입주민들이 편리하게 많은 의료 혜택을 받고 있습니다.

최근의 고마운 일을 말씀드리면 지난 7월 말경 입주한 미얀마 재정착 난민 중 한 명이 원인불명의 고열에 시달렸는데, 8월 초 세림병원에 내원하여 혈액검사와 CT 촬영 등 여러 가지 검사를 무료로 해주셔서 얼마나 감사했는지 모릅니다. 난민생활중 질환이 생겨도 이렇게 부담 없이 도움을 받을 수 있다는 것이 그들에게 얼마나 큰 위안과 힘이 되겠습니까?

우리도 얼마나 뿌듯한지 모릅니다. 이젠 환자가 생겨도 걱정이 없습니다. 앞으로도 이렇게 선하고 고마운 의료봉사가 계속 이어졌으면 하는 바람을 전하면서 인사를 마칠까 합니다. 감사합니

다."(황미숙)

해외 의료봉사는 우리 자의에 의해 시작된 게 아니다. 중국의 앉은뱅이, 몽골의 뇌종양 진단을 받았던 소녀, 네팔의 온몸이 난자당한 소년 등을 데려와 치료해 준 소식이 알음알음 퍼져나갔는지 필리핀 민다나오섬 다바오에 죽어가는 소년을 살려달라는 간절한 요청이 들어왔다. 사진을 보니 차마 눈 뜨고는 볼 수 없을 정도였다. 그곳에서는 가망이 없고 한국에 가야 살 수 있다며 제발 살려달라는 간청이었다.

내 눈으로 보기에도 이만저만 심각한 게 아니었다. 정말 엄두가 나지 않았지만, 무료병동사역을 해오면서 불가능해 보였던 환자가 치료되는 기적을 많이 보아왔기에 심의위원회에 올려보기로 했다.

우리는 위원회가 열리기 전에 대상 환자에 대한 자료를 위원들에게 미리 나누어주는데 자료가 배부되자마자 난리가 났다. 상태가 너무 심각해 다바오에서 여기까지 데려오는 건 불가능하다는 것이었다. 어떻게 데려온다 해도 대학병원에서도 손을 쓸 수 없는 정도라고 했다.

나는 평상시 심의에 가능한 관여하지 않는데 사진에서 본 그 소년의 간절한 눈빛에 눈을 감을 수 없어 특별 심의를 소집해 설득했고 어렵게 추진에 들어갔다. 소년을 데려오기까지 있었던 우여곡절은 너무 길어 생략한다.

소년이 도착하자 병원은 비상이 걸렸다. 무려 6개 과가 달라붙어야 했다. 아이의 상태는 처음 사진으로 봤을 때 보다 훨씬 심각해져 있었다. 가슴이 덜컹 내려앉았다. 내 눈에도 가망이 없어 보였기 때문이었다. 할 수 있는 건 기도밖에 없었다. 나뿐만이 아니라 모든 의료진도 치료보다 기도를 더 많이 하는 눈치였다.

기도는 기적을 낳는다고 했던가? 치료의 경과는 그야말로 기적적이었다. 급속도로 회복된 소년은 두 달 만에 활짝 웃는 모습으로 퇴원해 고향 다바오로 돌아갔다. 소년을 우리에게 보내준 기관에서 다시 나를 찾아왔다. 아무 가망 없던 아이가 멀쩡해져서 돌아오자 동네에 난리가 났다고 했다.

그런데 그 지역에는 그 소년과 같은 환자들이 아주 많았고, 여기저기서 자기네도 치료받게 해달라는 요청이 빗발치고 있으니 우리 병원에서 의료팀을 파송해 주었으면 좋겠다는 것이었다. 그 동네 사진과 영상을 보니 도저히 거절할 수가 없어서 우리의 해외 의료봉사가 시작된 것이다. 우리 무료병동사역이 해외까지 뻗어나가게 되었으니 얼마나 감사한 일인가? 더 신나는 일 아니었겠는가 말이다.

또 수를 헤아릴 수 없이 많은 사람들이 필리핀, 몽골, 캄보디아 등 해외 의료봉사에 기쁨으로 참여했고 병원에서도 지원을 아끼지 않았다. 그 사진도 몇 장씩 붙여야겠다.

그런데 해외 봉사는 국내 봉사와 달리 횟수를 더해갈수록 점점 더 커지는 어려움이 있었다. 봉사에 많이 참여하는 사람일수록, 더 잘해 보려는 사람일수록 그런 마음이 더했다.

물론 1,000원으로 시작된 우리의 사랑이 국내를 넘어 해외까지 퍼져간다는 생각에 기쁨과 보람도 적지 않았으나, 하면 할수록 마음 한편 아쉬움과 안타까움이 쌓여가고 있었다. 이유는 해외 의료봉사

해외 의료봉사는 우리 자의에 의해 시작된 게 아니다. 중국의 앉은뱅이, 몽골의 뇌종양 진단을 받았던 소녀, 네팔의 온몸이 난자당한 소년 등을 데려와 치료해 준 소식이 알음알음 퍼져나갔는지 필리핀 민다나오섬 다바오에 죽어가는 소년을 살려달라는 간절한 요청이 들어왔다. 사진을 보니 차마 눈 뜨고는 볼 수 없을 정도였다. 그곳에서는 가망이 없고 한국에 가야 살 수 있다며 제발 살려달라는 간청이었다.

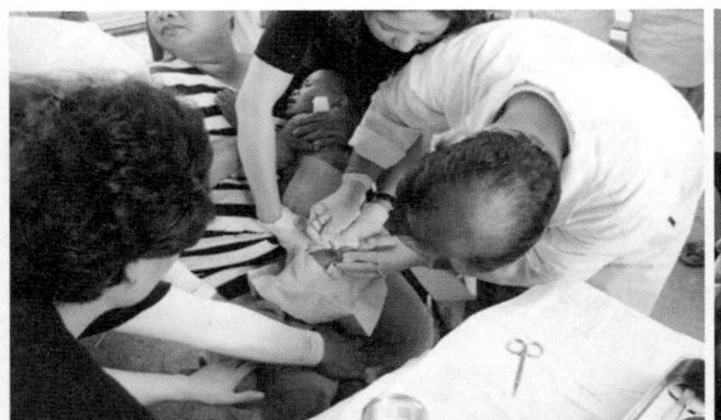

공동몽골의료봉사

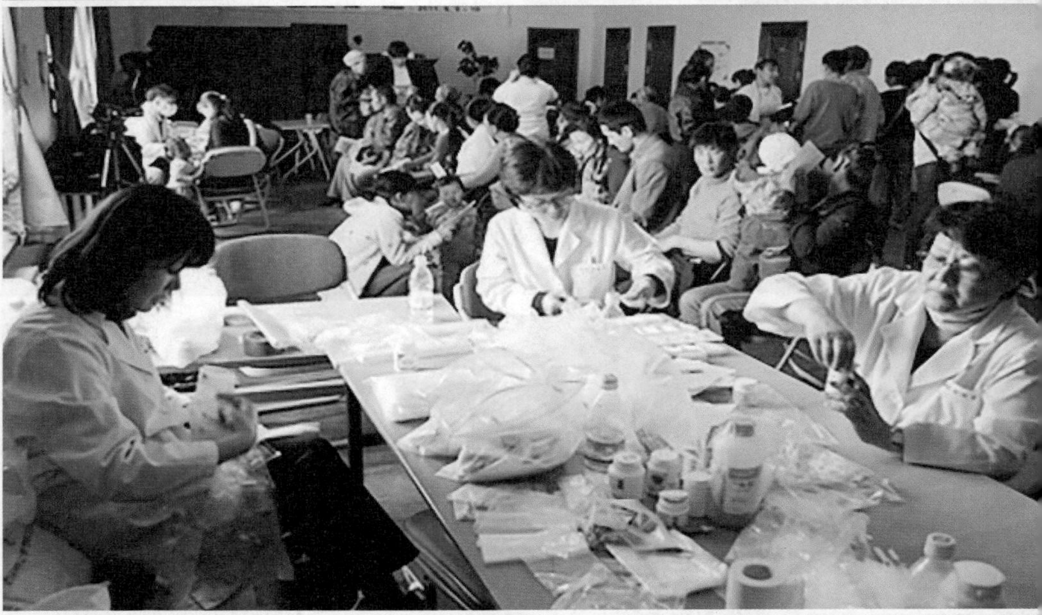

퇴원
입원
접수/수납
접수/수납
접수/수납
부평세림병원 캄보디아 의료봉사
일시 : 2012. 2. 29 ~ 3. 5

는 아무리 미리 현지 조사와 필요를 파악해 약품과 기구를 준비해 간다고 해도 한계가 있었기 때문이었다.

밀려드는 수많은 환자 중에는 더 자세한 검사와 진단과 처방이 필요한 사람들, 계속해서 약을 먹어야 할 환자들도 많았는데 그냥 대충 보고, 며칠치 약을 손에 들려주고 돌아올 수밖에 없는 게 마음에 자꾸 걸렸고, 이럴 수밖에 없을까 하는 아쉬운 마음이 점점 안타까움을 넘어 죄를 짓는 것 같았다.

그리고 그 아쉬움과 안타까운 죄책감은 점점 우리에게, 현지에 병원이나 진료소를 세워 그들을 제대로 돌봐야겠다는 마음을 갖게 했다. 그 마음은 해가 갈수록 점점 더 커지고 있었는데, 아니 운영하던 병원을 문 닫다니! 안타깝기 그지없었다.

마침 다음 달에 들어올 일이 있다는 대답을 듣고는 들어올 때 그 자료 좀 다 가져올 것을 부탁했다. K선교사가 귀국해 내놓은 운영하던 현지병원의 모습과 상황은 열악하기 그지없었다. 아니 이런 정도로 운영해도 감당이 안 돼 문을 닫고 말았다는 것인가?

나는 K선교사에게 물었다. "이렇게 말고 좀 깨끗하게, 단독건물을 지어 병원을 설립하고 운영하려면 어느 정도 예산이 필요한가?"

그는 자신 있게 대답했다. "5,000만 원이면 됩니다. 내가 해봤으니 운영 노하우(knowhow)도 있고 어려서부터 키운 현지 아이가 둘이나 의사가 되었으니 첫해엔 운영비로 매달 100만 원씩, 2년 차는 50만 원씩만 지원해주시면 3년 차부터는 자립할 수 있습니다."

지금은 땅값이 2~30배 올라 어림도 없는 일이지만 2012년, 그때는 이 정도로 가능했던 때였다. 당시 줄을 이어 밀려드는 환자들 치료비를 대느라 매달 위기를 느끼며 전전긍긍하고 있던 나는 문득, 모아오던 동전이 떠올랐다. 허리를 다쳐 누워 지내는 엄마를 데려다 수술하고 치료해 준 게 고마워, 초등학교 2학년이었던 그녀의 딸이 꼭 제 주먹만 한 돼지저금통에 동전을 모아 내게 내밀며 수줍은 모습으로 말했다.

"목사님! 지금은 제가 이것밖에 못 하지만 이다음엔 더 많이 할 거예요."

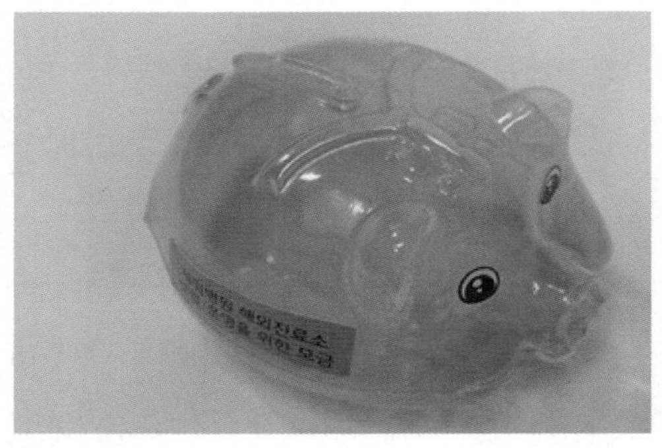

동전모으기는 허리를 다쳐 누워 지내는 엄마를 데려다 무료로 수술하고 치료해 준 게 고마워, 당시 초등학교 2학년이었던 딸이 꼭 제 주먹만 한 돼지저금통에 동전을 모아 전해 준 것으로 시작되었다. 그렇게 10년 동안 돼지저금통으로 모은 동전의 금액은 무려 4,100만 원이었다. 이렇게 모인 4,100만 원은 돈이 아니었다. 수를 헤아릴 수 없이 많은 이름 없는 천사들의 땀과 눈물과 정성이 뭉쳐진, 그 어떤 보석보다 빛나는 사랑의 결정체였다.

그 모습과 마음이 얼마나 예쁘던지 돼지저금통을 내미는 그 아이를 덥석 안고 눈물을 흘리지 않을 수 없었다. 그 아이를 돌려보낸 후 나는 그 돼지저금통을 손에 들고 어린아이가 하나하나 모았을 동전을 들여다보면서 도저히 깨서 쓸 수가 없다는 생각이 들었다.

'그래 이제부터 동전을 모아보자. 꼭 요만한 돼지로 하자.' 그렇게 시작된 동전 모으기가 10년쯤 되어갈 즈음이었다. 무료병동 사역 10년 동안 여러 차례 재정적인 고비가 있었지만, 그 동전만큼은 손을 댈 수 없었다. 동전은 털어봤자 액수로는 큰 보탬이 되지도 않을 게 분명하기도 했지만, 어린아이의 동전에 어린 그 마음과 정성은 하나님께서 따로 특별한데 사용하시길 바라는 마음에 동전만은 손대지 않고 그냥 모으기만 했었다.

물론 그걸로 뭘 하려면 그야말로 오랜 세월이 필요하겠지만 그걸로 되는 일은 정말 귀한 일이 될 거란 생각에서였다. 비록 내가 은퇴하기 전, 아니 죽을 때까지도 그 일을 볼 수는 없겠지만, 내 다음 대나 아니면 그 다음 대, 어느 땐가는 하나님이 아주 특별한 일에 사용하시지 않겠는가? 1,000원으로 '무료병동'을 만드신 하나님께서, 동전으로는 훨씬 더 멋진 일을 만드시지 않겠는가?

그래서 나는 모여진 동전을 입금하러 갈 때마다 입금만 하라고 했다. 얼마나 모여진 줄 알면 분명 그 돈이 남아 있지 않게 될 게 뻔해서였다. 그래서 10년이 되도록 나뿐 아니라 아무도 그 액수를 모르고 있었고 알려고 하지도 않았던 것이다.

그런데 '5,000만 원이면 됩니다.'라는 말을 듣는 순간 불현듯 '혹시 하나님이 우리 동전으로 이런 일을 하시려는 게 아닐까? 이런 일에 사용하신다면 얼마나 멋질까. 10년을 모았으니 몇 년이나 더 모으면 그게 가능해질까? 그 정도면 다다음 대가 아니라 다음 대에도 가능하지 않을까?' 그런 생각이 들어 10년 만에 후원회 간사를 은행에 보내 통장의 액수를 알아보게 했던 것이다.

나는 지금 생각해도 도저히 믿기지 않는다. 아무리 티끌 모아 태산이라지만 정말 이렇게 '태산'이 될 줄이야! 어떻게 동전이 10년 만에 4,100만 원이나 될 수가 있었는지, 옛날 동화에 나오는 '빈 쌀독에 누군가 몰래 쌀을 부어 놓은 것'처럼, '한밤중 몰래 볏단을 가져다 놓은 것'처럼, "하나님께서 아무도 모르게 통장을 채우신 게 아닐까?"라는 느낌이 지금도 든다.

그러니 후원회 간사도 어찌 흥분하지 않을 수 있었겠는가? 죽기 전엔 볼 수 없을 줄 알았던 그 일이 오늘 가능해졌으니 우리가 어찌 놀라지 않을 수 있었겠는가? 동전을 모아온 사람들의 지난 10년 동안 모습이 주마등처럼 스쳐 지나갔다. 동전을 모으기 시작하게 된 이야기부터 한 명, 두 명 점점 더 많은 이들이 함께하는 아름답고 눈물겨운 모습을 담은 '무료병동사역 10년 이야기'가 2011년 발간된 후 우리의 '동전 모으기'는 그야말로 들불처럼 번져갔다.

1,000원으로도 꺼져가는 생명을 살릴 수 있음을 알게 되었기 때문일까? 그깟 동전으로 뭘 할 수 있겠는가? 묻는 사람이 없었다. '1,000원으로 만든 무료 병동, 동전 모아 지읍시다.'라는 우리의 구호를 비웃는 사람이 아무도 없었고 1,000원 후원 가입과 함께 동전 모으기에도 모두 한마음이 되어 주었다.

지면 관계로 자세히 기록할 수 없는 게 아쉽지만, 환자들도 직원들도, 내국인과 외국인, 어린아이부터 노인에 이르기까지 남녀노소가 없었고, 여러 교회와 회사들도 돼지저금통을 요청해 가져갔고 유치원들 뿐 아니라 중·고등학교까지 날이 갈수록 늘어갔다.

돼지저금통만이 아니었다. 자기 음식점과 미용실, 각종 가게에 놓고 모으고 싶다 해서 설치하기 시작한 '동전 모금함'이 금방 100개

동전을 모아온 사람들의 지난 10년 동안 모습이 주마등처럼 스쳐 지나갔다. 동전을 모으기 시작하게 된 이야기부터 한 명 두 명 점점 더 많은 이들이 함께하는 아름답고 눈물겨운 모습을 담은 '무료병동사역 10년 이야기가 2011년 발간된 후 우리의 '동전 모으기'는 그야말로 들불처럼 번져갔다.

가 훌쩍 넘었고 0.5% 환급해주던 '이마트 영수증 모으기'에도 모두 발 벗고 나섰다. 책에 기록된 그 애틋하고 갸륵한 모습이 꼬리에 꼬리를 물고 이어져 내 눈에 눈물이 마를 날 없게 했다.

이렇게 모인 4,100만 원은 돈이 아니었다. 수를 헤아릴 수 없이 많은 이름 없는 천사들의 땀과 눈물과 정성이 뭉쳐진, 그 어떤 보석보다 빛나는 사랑의 결정체였다. 이 동전을 모으는 작업에 들어간 수많은 이들의 시간과 수고와 희생을 시급이나 임금, 수고비로 계산하면 액수로는 배도 족히 넘을 것이기 때문이다.

말이 씨가 된 것일까? '1,000원으로 만든 무료병동, 동전 모아 지읍시다.'라는 우리의 캐치프레이즈대로 동전이 10년 만에 병원이 될 줄 누가 알았겠는가? 이걸 1,000원의 사랑이 낳은, 동전의 기적이라 여기지 않을 사람 누가 있겠는가 말이다.

돼지저금통이 오면 스티커를 붙여 여기저기 비치하고 관리하고 나누고 거두러 다니는 일에 얼마나 많은 이들이 시간을 들이고 땀 흘려 수고했는지 모른다. 한 달에도 몇 번씩 '돼지 잡는 날'을 잡아 수거해 온 돼지저금통을 모아놓고 배를 갈라 동전을 털어 모으는 일이 생각보다 위험한 일이어서 요령이 생기기까지는 손을 다치는 일이 다반사였다.

모여진 동전의 무게가 얼마나 무거운지 은행까지 옮기는 일도 만만치 않았다. 아무리 튼튼한 카트를 사도 몇 번 싣고 다니면 얼마 되지 않아 그냥 주저앉아 수십 개는 다시 사야 했고, 한 달에 한 번 멀리는 서울, 안산, 영종도, 강화도까지 모금함에 모여진 동전을 수거하러 다니는 일도 보통 일이 아니어서 손, 발, 허리를 다치는 일도 많았다.

'산재 처리' 안 해주느냐며 너스레를 떨면서도 모두 즐거워하는 모습이 얼마나 아름다운지, 그러나 그 많은 수고와 희생에 비해 돈의 액수는 불과 얼마 되지 않아 혹시 맥 빠지고 허탈한 마음이 들까 봐 우리는 돈을 모으는 게 아니란 사실을 강조하고 또 강조해야만 했다.

이 동전 모으는 일에도 돈이 많이 들었다. 돼지저금통도 수천, 수만 개 사야 했고, 모금함도 1,000개도 넘게 주문 제작해야 했으며, 카트를 비롯해 각종 비품을 매입하는 비용도 적지 않았을 뿐만 아니라 그걸 나누고 수거하러 다니는 데 드는 비용도 만만치 않았다.

그러나 우리는 그 비용을 동전으로 충당할 수는 없었다. 동전은 돈으로는 그 큰 비용을 감당할 만큼 크지 않았기 때문이기도 했지만, 우리에게 동전은 돈이 아니었다. 그걸 돈이라고 생각하는 사람이 아무도 없었다. 그래서 우리는 그런 비용을 대느라 모두, 없는 주머

무료병동 사역 10년 동안 여러 차례 재정적인 고비가 있었지만, 1,000원으로 시작된 우리의 사랑이 국내를 넘어 해외까지 퍼져간다는 생각에 기쁨과 보람도 적지 않았다.

니를 털고 또 털어야 했다.

돈으로는 분명 모으는 액수보다 주머니를 턴 액수가 훨씬 큰 게 확실했지만, 누구 하나 배보다 배꼽이 더 크다고 이의를 제기하거나 불평하는 이가 없었다. 그러니 이 4,100만 원이 어찌 그냥 돈 4,100만 원일 수가 있겠는가? 이 4,100만 원이 던진 놀라운 감격과 기쁨은, 우리로 누가 먼저랄 것도 없는 신비한 의욕에 불타오르게 했다.

"우리 내년 의료봉사는 병원을 짓고 갑시다. 부족한 900만 원, 1년 동안 더 열심히 모아 채웁시다!"

후원회 간사의 가슴 벅찬 흥분이 마치 전염이라도 된 듯 모두 흥분의 도가니가 되었다.

"우리가 모은 동전으로 병원을 세운다는 게 정말입니까?"

"정, 정말이라~구요? 아니 동전이 그만큼 큰 돈이 되었습니까?"

"뭐, 뭐라~구요? 4,100만 원이나요? 900만 더 모으면 된다구요?"

우리의 동전 소식은 금새 여기저기로 퍼져나갔고 동전 모으기 운동의 열기가 후끈 달아올라 모두 동전 찾기에 혈안이었다. 어디서든 동전만 보면 마치 보물이라도 발견한 듯, 다투어 손을 내밀며 기뻐했다.

"목사님! 꼭 동전이어야만 하나요? 동전을 모으기가 너무 어려운데 지폐는 안 되나요?" 항의하는 사람도 많았고 "목사님! 그 900만 원 제가 할게요!" 말하는 사람도 있었지만 우리는 동전으로 뭉쳐진 그 귀하고 숭고한 결정체가 희석되거나 색깔이 바뀔까 봐 동전만으로 해보자 고집했다.

이런 마음이 이심전심 전해져 그 열기를 부채질한 것일까? 돼지저금통이 잘 안 차면 가게에서 일부러 잔돈을 만들거나 그것도 여의치 않으면 은행에 가서 동전으로 환전하는 편법(?)을 자행하는 이들도 있었다. 그런 뜨거운 열기가 식을 줄 모르고 이어져 부족했던 900만 원은 6개월도 되지 않아 채워졌고, 설립비 5,000만 원을 예정보다 일찍 송금할 수 있었다.

말이 씨가 된 것일까? '1,000원으로 만든 무료 병동, 동전 모아 지읍시다.'라는 우리의 캐치프레이즈대로 동전이 10년 만에 병원이 될 줄 누가 알았겠는가? 이걸 1,000원의 사랑이 낳은, 동전의 기적이라 여기지 않을 사람 누가 있겠는가 말이다.

2장

첫 번째 동전의 기적, 미얀마 세림병원

우리의 동전 후원금을 받은 K선교사에게서 국제전화가 걸려 왔다.

"목사님, 이렇게 귀한 후원금은 없을 겁니다. 귀한 만큼 귀하게 사용하겠습니다. 이 5,000만 원이 지금은 작은 병원으로 시작되지만, 곧, 바로 옆에 '간호사양성소'를 만들어 점차 간호대학으로 발전시키고, 머잖아 의대까지 만드는 초석이 되게 하겠습니다. 이미 종합대학부지도 마련해 놓았습니다. 이 작은 병원이 훗날 미얀마의 세브란스병원이 될 수도 있지 않겠습니까?" 했다. 역시 '미얀마선교의 대부'라는 수식어가 허튼 말이 아님을 알 수 있었다.

우리 모두의 부푼 꿈을 안고 '미얀마 세림병원' 설립은 그야말로 일사천리로 진행되었다. '설립추진 준비위원회'가 구성되고 임원 세 분이 현장답사를 다녀와 보고회를 가진 후 병원 건축공사가 신속하게 진행되었다.

때마침 우리병원은 개원 30주년을 맞는 준비가 한창이었다. 나는

우리 모두의 부푼 꿈을 안고 '미얀마 세림병원' 설립은 그야말로 일사천리로 진행되었다. '설립추진 준비위원회'가 구성되고 임원 세 분이 현장답사를 다녀와 보고회를 가진 후 병원 건축공사가 신속하게 진행되었다.

김동환 이사장님께 미얀마 세림병원이 우리병원 30주년 기념비가 되었으면 좋겠다고 말씀드렸고 이사장님은 매우 기뻐하시며 "운영비를 2년만 지원해주면 정말 3년 차부터는 자립이 가능하답니까?" 물으시고는 "그럼 그건 제가 맡겠습니다." 하셨다.

우리는 서둘러 잔치를 준비했다. 너무 기뻐 무료로 하고 싶었으나 '참여의 의미도 있어야 한다.' 우기는 사람이 많아, 1,000원씩만 받았던 일일 찻집은 그야말로 대성황이었다. 이사장님을 비롯해 많은 직원, 환자들, 봉사자들, 후원자들과 외부 손님들까지 병원이 잔치판이 되었다. 하루 종일 병원 안팎이 커피 향기와 함께 감동과 기쁨으로 진동했다. 가만 보니 모두 동전을 모은 사람들이었다. 얼굴마다 기쁨과 감격, 따뜻한 사랑이 넘쳐흘러 정말 천사들처럼 보였다.

커피 한 잔의 힘

카페라떼
원두
초코
유자차
그리고 머핀

아침부터 진한 커피향이 병실에 진동합니다
오늘은 동전으로 짓는 미얀마 세림병원 건립을 위한
일일 찻집하는 날

일일 찻집은 그야말로 대성황이었다. 이사장님을 비롯해 많은 직원, 환자들, 봉사자들, 후원자들과 외부 손님들까지 병원이 발칵 잔치판이 되었다. 하루 종일 병원 안팎이 커피향기와 함께 감동과 기쁨으로 진동했다. 가만 보니 모두 동전을 모은 사람들이었다. 얼굴마다 기쁨과 감격, 따뜻한 사랑이 넘쳐흘러 정말 천사들처럼 보였다.

화려한 길도 아니고
영광의 길도 아니고
부를 누리는 길도 아닌데
그 길을 주저하지 않고
부르심에 감사하며
눈물의 기도와 열정으로
그 길을 가는 이들이 여기 있습니다

우린
가진 것이 없다고
줄 것이 없다고
늘 망설이며 살아왔는데
일일 찻집에서 헌신하는 그들을 보면서
많은 것을 깨닫게 됩니다.

주님은
나누고 베풀며 살아야 한다고
그것이 사랑이라고 하셨지만
늘상 남의 이야기처럼 생각하였습니다.

미안마 세림병원
그곳이 주님의 축복의 통로가 되게 하셔서
주님의 향기와 사랑을 땅끝까지 전하게 하시옵소서.

그곳에서 비추는 사랑의 빛으로
많은 영혼이 구원을 얻고 치유를 받게 하소서
주님의 빛을 우리의 행실로 날마다 비추게 하시고
주님의 강한 팔로 붙들어 주셔서
믿음의 반석 위에 굳게 서게 하옵소서.

동전의 힘
커피 한 잔의 힘
주님이 함께 하시면
부족함으로도 나눌 수 있는 것을
그것이 사랑의 씨앗이라고
주님은 말씀하십니다

- 1일 찻집에 다녀와서 -
김수영/시인, 아동문학가

한편 현지 미얀마 양곤 머비군 따야공 마을에선 2012년 성탄절 준공을 목표로 순조롭게 공사가 진행되었다. 얼마나 기쁜지 정말 꿈인가 생시인가 싶을 정도로 믿어지지 않는 일이었다. 우리만 그런 게 아니었다. 어안이 벙벙해하는 사람들이 하도 많아 나는 병원 원보와 우리 소식지에 이런 글을 실었다.

"중국과 극동지역에서 자라는 '모소 대나무'는 심은 지 5년이 되도록 전혀 자라지 않습니다. 제아무리 좋은 환경에서 아무리 정성을 쏟아도 소용이 없습니다. 그런데 6년째가 되면 마치 마술에나 걸린 것처럼 갑자기 하루에 2.5피트씩 자라기 시작해서는 6주 내에 완전히 자라서 90피트에 이릅니다.

그러나 그것은 마술이 아닙니다. 모소 대나무가 그렇게 급성장하는 것은 5년 동안 자란 수 마일 길이의 뿌리가 있기 때문입니다. 5년 동안이나 보이지 않는 준비를 했기 때문이라는 것입니다.

동전으로 짓고 있는 우리 미얀마 세림병원이 모소 대나무 같다는 생각이 듭니다. 너무 갑자기 세워져, 많은 사람들이 놀라고 있지만, 사실은 오랫동안 준비된 뿌리가 있기 때문입니다.

우리 병원이 개원 30주년을 맞도록 오랜 세월 그 뿌리를 준비했습니다. 무료병동 선교센타가 10년 동안 수많은 이들의 간절한 기도와 애틋한 사랑으로 동전을 모으며 그 뿌리를 준비했습니다. 그 튼실한 뿌리가 있어 마침내 미얀마 세림병원이 급속히 세워지는 것 아니겠습니까?

(중략)

미얀마 세림병원(애칭: 동전병원)은 성탄절에 맞추어 준공될 예정입니다. 미얀마인들에게 너무나 값진 성탄 선물이 될 것 같지 않습니까? 우리 의료봉사단은 내년 1월 방문해 개원식과 의료봉사를 펼치고 돌아오게 될 것입니다.

미얀마 세림병원이 미얀마사람들 뿐 아니라 개원 30주년을 맞는 우리병원과, 무료병동과 함께해준 이름 없는 들꽃 같은 수많은 이들에게도 그 어떤 선물보다 큰 기쁨이 되기를 바랍니다."

미얀마세림병원은 미얀마사람들 뿐 아니라 개원 30주년을 맞는 우리병원과, 무료병동과 함께해준 이름 없는 들꽃 같은 수많은 이들에게도 그 어떤 선물보다 큰 기쁨이 되었다.

우리는 곧바로 개원식을 겸한 의료봉사 준비에 돌입했다. 준비할 것이 한둘이 아니었으나, 모두 감사한 마음으로 한 몸처럼 움직여 꿈같은 현실을 목도할 준비를 마칠 수 있었다. 드디어 2013년 1월 23일, 이재학 부원장님을 단장으로 18명의 단원이 많은 이들의 배웅을 받으며 출국해 개원식 테이프를 끊음으로 우리의 첫 번째 기적을 보는 역사적인 순간을 맞게 되었다.

"이곳 미얀마에 소중한 정성들이 담긴 작은 동전으로 세림병원을 세우게 되었습니다. 이 작은 병원이 양곤 주민들에게 단순히 질병만 치료하는 것이 아니라 대한민국의 사랑과 온정을 함께 나누게

세림병원 개원 30주년 기념
미얀마 세림병원
이병원은 대한민국 세림병원 무료병동 선교센타에서
10년 동안 모은 동전으로 설립되었습니다.

미 얀 마 세 림 병 원 개 원 식 및 의 료 봉 사

미얀마 세림병원 개원식 및 의료봉사

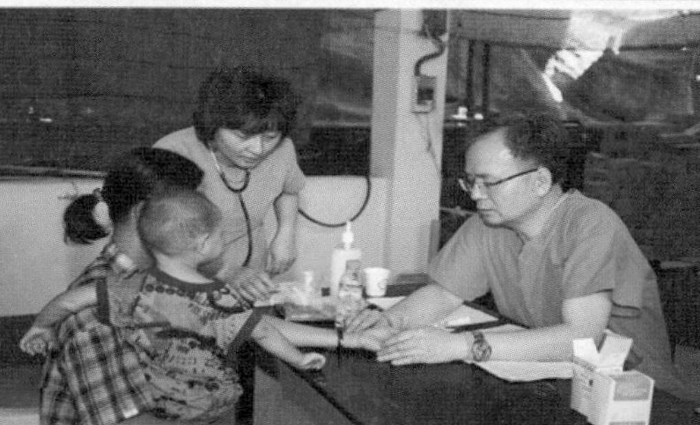

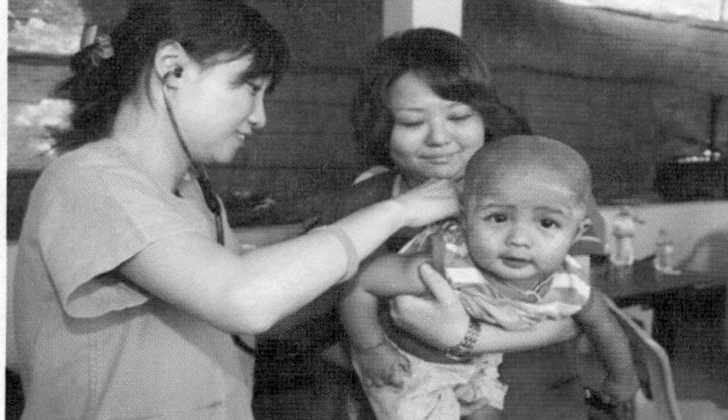

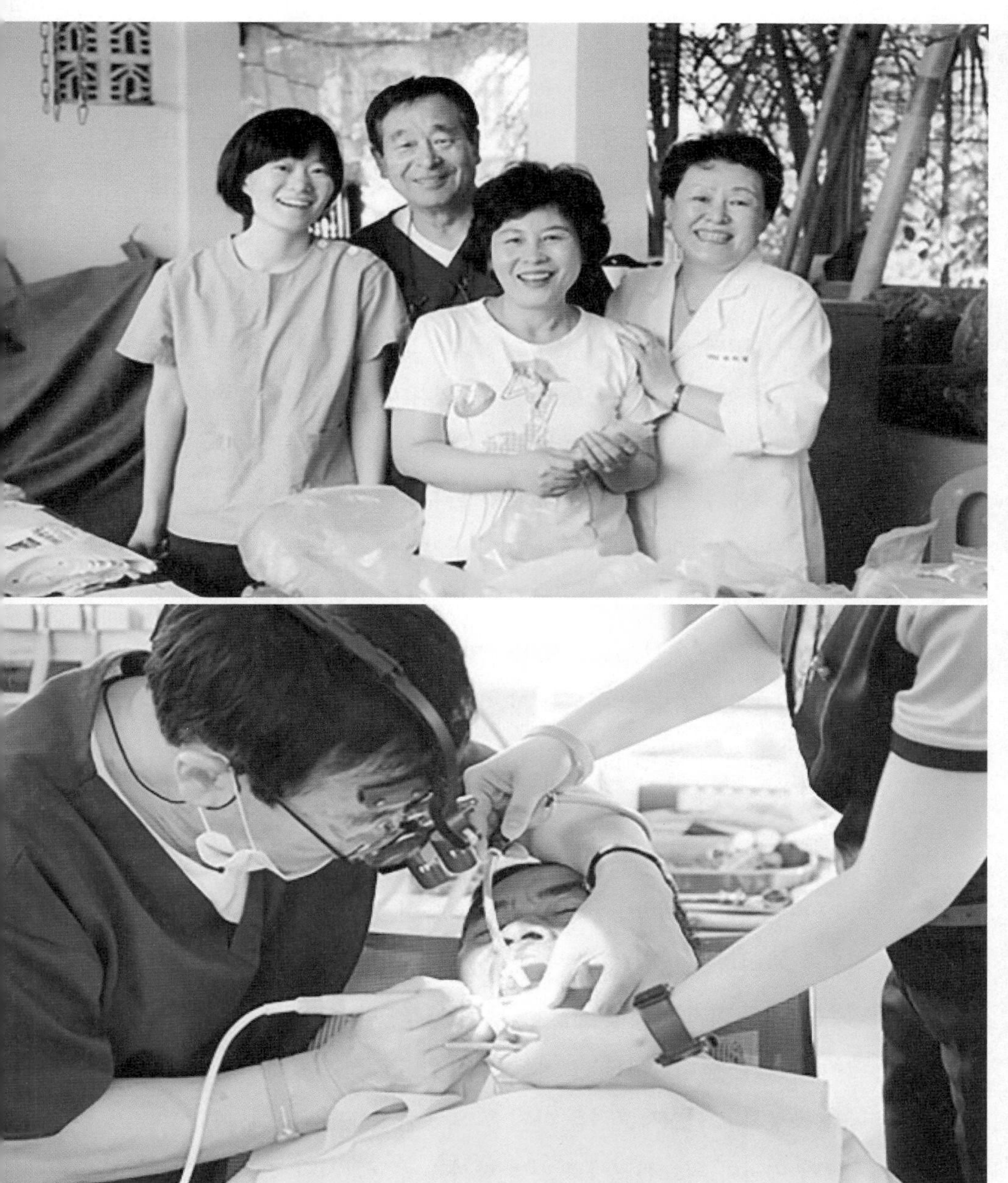

우리는 곧바로 개원식을 겸한 의료봉사 준비에 돌입했다. 준비할 것이 한둘이 아니었으나, 모두가 감사한 마음으로 한 몸처럼 움직여 꿈같은 현실을 목도 할 준비를 마칠 수 있었고 드디어 2013년 1월 23일, 이재학 부원장님을 단장으로 18명의 단원이 많은 이들의 배웅을 받으며 출국해 개원식 테이프를 끊음으로 우리의 첫 번째 기적을 보는 역사적인 순간을 맞게 되었다.

될 것을 생각하니 너무 기쁩니다. 또한 정치, 종교, 인종, 국가를 초월해 의료 불모지인 양곤 주민들을 대상으로 다양한 의료서비스를 제공함으로써 양곤 주민들의 건강과 행복을 함께 책임질 수 있게 될 것입니다. 나눔의 정신을 실천하고 사랑을 전하는 부평 세림병원의 숭고한 활동이 앞으로도 계속 지속되길 바랍니다."(유상희)

"지난 10년 동안 미니 저금통 등으로 모은 동전으로 의료시설이 부족한 곳에 지역 빈민을 돕겠다는 의지 하나로 지은 미얀마 세림병원. 아직은 보건지소 같은 수준의 병원이지만 실제로 만나보며 개원식에 참가할 수 있는 영광에 우리 대원 모두는 가슴이 뭉클했습니다. 그런데 우리가 세운 미얀마 세림병원에서 의료봉사를 하지 못하게 되었을 때 모두 마음 아파했지요. 우연히 그곳에서 30년 전 같은 병원에서 일했던 이신우 마취과장님을 선교사님으로 만난 반가움과 감회도 잊지 못할 것 같습니다. 시작은 미약하나 아름다운 열매를 주실 하나님을 기대합니다."(이명숙)

특히 더 감사한 건 신실한 의사이신 이신우 선교사님이 원장을 맡아 준비단계부터 제반병원설계를 비롯해 현지 의사와 간호사, 행정직원을 관리하며 병원 운영을 해주신다는 것이었다. 이신우 선교사님은 원래 목회자가 되길 원했지만, 부모님의 반대로 의사가 되셨는데 의사 생활을 하면서도 그 어릴 적 꿈을 포기하지 못해 틈틈이 신학을 공부하고 선교사훈련을 마친 후 의료선교사가 되신 분이다.

그가 미얀마 의료선교사로 떠날 때까지 운영하시던 병원이 집 근처 화정 신도시에 있어 몇 번 방문할 기회가 있었는데 이런 병원을 운영하시다가 홀연히 미얀마로 떠나신 선교사님을 나는 존경하지 않을 수 없었다. 연세는 나보다 한참 위였지만, 신학으로는 한참 후배라며 얼마나 겸손하시던지, 늘 몸 둘 바를 알지 못하게 하셨다. 이런 선교사님이 원장을 맡아주셨으니 얼마나 든든하고 감사한 일인가 말이다.

우리는 미얀마 세림병원의 마스터플랜을 3단계(1단계:설립, 2단계:자립, 3단계:발전)로 구상하고 있었다. 대개 이런 사역을 시작할 때 '설립'만 생각하는 사람들이 많은 것 같다. 설립은 시작일 뿐이다. 더 중요하고 어려운 일은 자립시키는 일이고, 자립보다 더 중요하고 어려운 일은 발전시키는 일이라는 생각에서였다.

그랬기에 이토록 멋진 우리의 미얀마 세림병원 개원은, 3단계 중 겨우 1단계를 지나는 것이었다. 이제 2단계, 더 어렵고 중요한 '자립'은 다시 시작이었다. 그런데 '자립'은 역시 예상했던 대로 훨씬 더 어렵고 힘든 일이어서 기대만큼 자리를 잡지 못했다.

병원의 위치가 양곤 외곽 신도시 예정지여서 당장은 주민이 많지 않았던 탓도 있었지만, 그 지역 주민의 경제적 형편이 더 문제였다. 처음 병원을 세팅할 때, '무료'로 운영하는 건 장기적으로 바람직하지 않다는 조사 결과를 따라 '자선병원' 성격으로 진료비의 수준을 최소로 정했지만, 그들은 그것조차 부담할 여력이 없어 무료로 진행되는 의료봉사팀이 방문하기만 기다린다는 것이다.

그런데 더 큰 근본적인 문제는 현지 의료진과 직원들의 의식이었다. 현지 의사들이 대부분 하루에 두세 군데 다니며 일하고 있었는데, 우리병원은 외곽이어서 교통편도 여의치 않아 그게 어렵기 때문에 의료진을 상주시켜 안정적으로 일하도록 아예 숙소까지 제공하고 임금을 넉넉히 지급해 주었는데도 불구하고 열심히 일하려 하지 않는다는 것이다. 그럴 필요가 없다고 생각해서인지 환자를 하루에 다섯 명만 봐도 많이 봤다고 생각한다는 것이다. 오랜 사회주의 영향이었다.

이신우 선교사님이 얼마나 막막하고 답답했겠는가? 선교사님이 고생하신 그 많은 이야기는 자세히 기록하지 않는 게 좋겠지만 인센티브(incentive)를 걸어 환자를 많이 보면 볼수록 자기에게도 이득이라는 걸 익히게 하는데, 꽤 오랜 시간이 걸렸다.

다행히 선교사님의 끈질긴 노력으로 환자 수는 조금씩 늘어갔고 다음해 우리 의료봉사팀이 방문했을 땐 제법 자리가 잡힌 모습이었다. 지역에서도 존재감이 생겼는지 그 지역 국회의원(모비) 사무소에도 우리 팀이 초청되어 대대적인 의료봉사를 펼칠 수 있었다.

"미얀마에는 우리병원교회에서 동전을 모아 설립한 따야꽁 세림병원이 있었습니다. 아직 믿음이 없는 제가 봐도 정말 대단하신 일을 해내셨고 하나님의 도움이 큰 힘이 되었을 것이라 생각되더군요. 그래서 직접 제 눈으로 하나님의 은총으로 세우셨다는 그곳을 확인해 보고 싶었습니다.

의대에 들어오기 전에 가졌던 사명감과 직업에 대한 자부심을 실로 오랜만에 느낄 수 있었습니다. 명목상 봉사이긴 했지만, 오히려 힘들고 지쳤던 일상에서 벗어나서인지 아니면 좋은 일을 하고

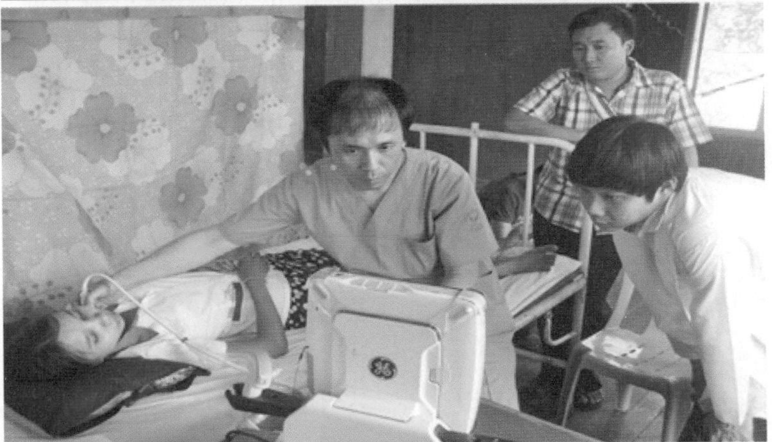

좀처럼 변화되지 않는 현실 속에서 힘들어하고 무기력해 있는 미얀마 사람들의 모습을 보았다. 그러나 미얀마 어린아이들의 예쁜 눈을 보며, 통역이나 봉사로 참여해준 미얀마 청년들의 열심을 보며, 또한 이들을 섬기는 선교사님들의 모습에서 미얀마의 밝은 미래를 기대해 본다.

있고 환자들이 나의 치료를 받기 위해서 불편함을 마다하지 않고 달려온다고 생각해서인지 병원에서 일할 때보다 피곤하지도 않고 스트레스도 거의 없더군요.

세림의 이름을 걸고 그곳에서 좋은 일을 해주시는 모든 분들께 감사드리고 앞으로 미얀마 세림병원이 더욱더 많은 이들에게 도움을 줄 수 있는 미얀마의 성지처럼 발전하기를 기원합니다."(양문술)

"의료봉사 첫날 접한 여자들 대부분은 육아와 더불어 논, 밭일에 재봉틀, 빨래일 등의 고된 노동으로 인해 우울증과 이로 인한 불면증, 어지럼, 가슴 답답함, 손 저림, 심계항진, 두통을 호소하였다. 모래바람과 나쁜 수질, 영양 결핍으로 인해 천식, 결핵, 심각한 피부염과 옴 환자들도 많았다.

냉장 시설이 없어 짜고 달고 기름지게 먹어 고혈압, 당뇨병, 심장질환, 뇌졸중 환자도 많았다. 서혜부 탈장, 배꼽 탈장 눈꺼풀 종양이 있어도, 결핵, 고혈압, 당뇨병이 있다고 들어도, 시력이 나빠도 돈이 없어 방치되고 있었다. 우리의 짧은 의료봉사로 그들의 고통과 가난, 질병이 해결될 수는 없지만 웃을 일이 없던 고달프기만 하던 삶에 잠시 쉬어갈 수 있는 쉼표가 되었으면 하는 바람이다.

미얀마 세림병원은 수개월 전에 비로소 개원했고 비교적 자리를 잘 잡아가는 모양새다. 인천 세림병원에 비하면 턱없이 작고 보잘것없지만, 그것조차도 기대할 수 없던 미얀마 사람들에게는 이곳을 통한 작은 의료 행위들도 큰 의미가 있을 것이다.

미얀마 세림병원이 사명감을 가지고 이곳을 향한 모든 이들의 소망을 담아 열심히 일해주었으면… 우리가 떠난 다음에도 가난한 이들에게 희망이 되주었으면… 그리하여 사람들에게 하나님이 살아계심을 보게 해주었으면….”(황예원)

“어릴 때부터 교회를 다녔지만 이런 의료봉사를 처음 가게 되었습니다. 개인적으로 복잡한 사정이 있어, 참여하는 것을 많이 고민하다가 결정하였습니다. 그런데 두려움과 걱정도 잠시뿐, 미얀마 의료봉사하는 동안 몸은 조금 힘들었지만, 오히려 저의 마음이 회복되는 시간이었고 참여하길 잘했다는 생각이 들었습니다.

3일의 진료를 통해 총 1,000명에 가까운 환자분들을 만났고, 시간은 금방 지나갔습니다. 아파도 병원에 가지 못하고, 초음파 검사도 처음 받아 보는 많은 분들에게 작은 도움을 드릴 수 있었던 시간이었습니다. 같이 참여한 분들 정말 수고 많으셨습니다. 그리고 마음으로 동참해 주신 모든 분들께 감사드립니다.

좀처럼 변화되지 않는 현실 속에서 힘들어하고 무기력해 있는 미얀마 사람들의 모습을 보았습니다. 그러나 미얀마 어린아이들의 예쁜 눈을 보며, 통역이나 봉사로 참여해준 미얀마 청년들의 열심을 보며, 또한 이들을 섬기는 선교사님들의 모습에서 미얀마의 밝은 미래를 기대해 보았습니다. 우리들의 작은 봉사를 통해 미얀마 청년들이 환상을 보며, 어른들이 꿈을 꾸는 일이 일어나기를 기대해 봅니다.”(최희석)

그렇게 병원은 매달 환자 수를 늘려가며 자립을 향해 달려가 비록

'3년 차부터는 자립할 수 있습니다.'라는 호언장담대로 되지는 않았으나 개원 후 만 4년이 지나갈 무렵, 이신우 선교사님으로부터 '내년부턴 운영비를 보내지 않으셔도 된다.'라는 보고를 받을 수 있었다. 이제 이윽고 2단계(자립)에서 3단계(발전)로 넘어갈 수 있게 된 것이었다. 얼마나 감사하고 감격스러운 일인가. 자립할 수 있게 되기까지 그 애환과 우여곡절은 다 기록할 수 없지만 한량없는 하나님의 은혜와 이신우 선교사님의 전적인 헌신의 결과였다.

그런데 그런 감격에 젖은 5년 차에 접어들어 드디어 3단계(발전) 사역으로, 늘려갈 시설과 장비를 체크하고 있던 우리에게 그야말로 충격적인 소식이 날아들었다. 미얀마 정부에서, 의사들의 수준을 높이겠다며 전공의제도를 시행한 것이었다. 이제는 인턴과 레지던트를 거쳐 전문의가 되어야 해서 우리병원 의사도 그 과정을 밟으려고 사직한다는 것이었다.

비록 K선교사가 어려서부터 키워 만든 의사일지라도 말릴 수가 없는 일이어서 그를 보낸 후 우리병원에서 일할 의사를 백방으로 찾았으나 이신우 선교사님도, 천하의 K선교사도 구할 수가 없었다. 다른 방법을 찾아 이리저리 모색했지만 끝내 찾지 못함으로 병원은 결국 개원한 지 5년 만에 문을 닫고 말았고 이신우 선교사님은 얼마 후 미얀마를 떠나 인도네시아로 사역지를 옮기고 말았다.

우리는 여러 차례 모여 의논을 거듭했지만 뾰족한 수가 없었다. 의논하면 할수록 속만 상했다. 최선을 다했지만 더 이상 방법이 없으니 그냥 접어야 하는 상황이었으나 도저히 그럴 수 없었다. 10년 동안 수천, 수만 명이 모아 만든 동전병원 아닌가.

우리도 이토록 안타깝고 속이 상하는데 책임을 맡았던 선교사님은 얼마나 마음고생이 많으셨겠는가? 인도네시아로 가신 지 불과 얼마 후, 선교사님 부부는 차례로 세상을 떠나셨다는 비보를 접하게 되었다. 우리는 그 소식을 들은 후 한참 동안 뼈아픈 죄책감에 시달려야 했고 그 마음은 아직도 가시지 않고 있다.

이제는 뵐 수 없기 때문일까? 두 분은 정말 천사 같은 분들로 우리 마음에 남아 있다. 선교사님께 진 마음의 빚이 너무나 크지만, 하나님께서 그 흘린 땀과 수고를 빛나는 상급으로 갚아주실 거라 믿으며 마음을 달랜다.

마음을 추스르는데 더 할애할 시간이 없어 서둘러야 했다. 미얀마 세림병원 사역을 도저히 이렇게 끝낼 수는 없지 않은가 말이다. 형태와 장소를 바꿔서라도 미얀마 사역을 이어가 보려고 2017년, 정탐을 겸한 의료봉사로 미얀마 행정수도 네피도를 방문했다. 미얀마 세림병원 후원회장으로 처음 답사부터 시작해 물심양면 깊은 애정을 쏟고 계시는 부부치과 임종성 장로님이 단장을 맡았다.

> "평소 선교에 관심이 많고, 교회의 단기선교에 여러 번 다녀왔지만, 의료봉사팀에 속하여 참여하기는 처음이었다. 젊은 시절 잠시 간호사로 일했던 경험이 있기에 선뜻 세림병원에서 행하는 의료봉사에 신청하게 되었다.
>
> 미얀마로 떠나기 전 준비 기도 모임도 하고, 영종도 출입국 외국인 지원센터 의료봉사에 참여해 손발도 맞춰 볼 수 있었다. 간호사로서의 나의 일은 약제과에서 처방전에 따라 약을 조제하는 일이

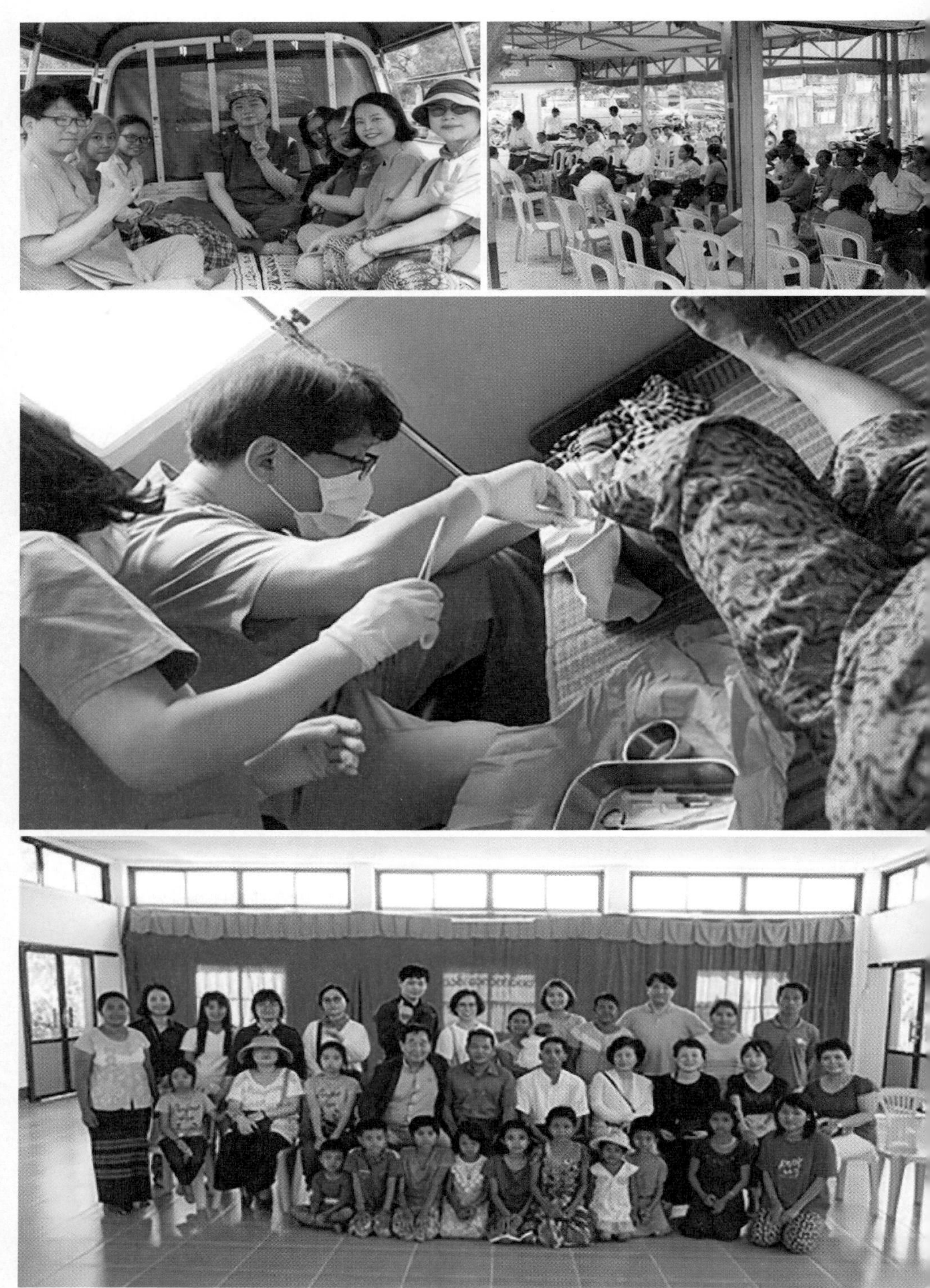

많은 환자들 가운데 가장 기억에 남는 환자는 다리 뒷부분에 화상을 입은 여자아이였다. 이 아이를 진료하신 한 과장님의 말씀이 "이 아이를 만나게 하시려고 이번에 나를 이곳에 보내신 것 같다."라고 하셨다. 이 아이가 어떤 경로를 통해서든 치료를 잘 받고 온전한 모습이 되기를 기도해본다.

라 어렵지는 않았다. 문진실에서 혈압과 혈당을 측정하는 일이 어려운 일은 아니었다. '이 정도면 할 수 있겠네' 라는 마음으로 출발하였다.

미얀마 현지의 날씨는 낮 기온 37~8도라 하였다. 금요일 오후와 토요일 오전 · 오후의 진료를 통하여 500명이 훌쩍 넘은 환자를 보았다. 땀을 줄줄 흘리며 많은 사람을 진료했지만 모든 의료진의 손발이 척척 맞아서 순조롭게 진행되었다. 팀별로 유능한 통역사들이 배치되었고 진료 시간도 적당하게 배분되어서 너무 지치지 않게 주어진 일을 감당할 수 있었다.

많은 환자들 가운데 가장 기억에 남는 환자는 다리 뒷부분에 화상을 입은 여자아이였다. 이 아이를 진료하신 한 과장님의 말씀이 "이 아이를 만나게 하시려고 이번에 나를 이곳에 보내신 것 같다." 라고 하셨다. 이 아이가 어떤 경로를 통해서든 치료를 잘 받고 온전한 모습이 되기를 기도해본다.

이번 의료봉사를 통하여 내가 얻은 것은 이런 좋은 사람들을 만날 수 있었다는 것이다. 사정이 허락한다면 매번 세림병원 의료봉사에 참여하여 봉사하고 싶다. 함께 했던 모든 분께 감사드린다."(유정숙)

"작년 11월 세림병원 엘리베이터에서 미얀마 봉사에 관한 소식을 봤을 때 많이 설레었다. 대학 생활을 할 때 해외 봉사활동을 꼭 해보고 싶었지만 못했는데 이번 기회에 꼭 봉사에 참여하고 싶었다. 무엇보다 나의 재능을 나누어서 누군가에게 도움을 줄 생각을 하니 기뻤다. 출발 당일 세림병원에서 발대식을 하고 인천공항에서 미얀마행 비행기를 탔을 때도 실감이 나지 않았다. 미얀마에 도착했을 때에서야 내가 한국이 아닌 다른 곳에 와 있다는 것을 느꼈고 내가 잘 할 수 있을까 걱정도 되었다.

숙소에 도착해서 짐을 풀고 잠시 휴식을 취한 다음, 선교사님으로부터 미얀마에 대한 설명을 들었다. 미얀마의 문화를 알아야 미얀마를 올바르게 사랑할 수 있으니까. 의료봉사하는 곳으로 출발했다. 이동할 때 트럭 뒤에 탔는데, 선생님들도 오픈카를 탄 것 같다며 좋아하셨다. 트럭에서 내려다본 미얀마는 우리나라와 많이 달랐다. 대부분의 건물이 낮은 건물들이었고 땅바닥은 흙이어서 신기했다.

나는 검진 및 접수팀에서 혈압을 재는 일을 맡았다. 미얀마 사람들에게 "밍글라바" 현지어로 인사하고 혈압을 쟀다. 인사를 하면 미얀마 사람들은 정말 밝게 웃어주셨다. 대부분이 농사를 짓거나 일용직 노동자라서 허리나 다리가 아프신 분들이 많았다. 힘든 상황에서도 밝게 대해주셔서 감사했고 오히려 내가 치유 받는 느낌이었다.

비행하느라 몸도 피곤하기는 했지만 그런 분들을 보니 힘을 얻을 수 있었다. 내가 다른 사람에게 필요한 일을 할 수 있는 게 얼마나 큰 행복인지 모르겠다는 생각이 들었다. 미얀마에서 느꼈던 사랑을 절대 잊지 못할 것이다."(임송미)

"12살과 10살 아이들에게 해외 의료봉사 이야기를 하니 흔쾌히 따라가겠다고 했다. 나도 처음 떠나는 해외 의료봉사에 아이들과 함께 참여한다는 것이 더 뜻깊게 느껴졌다. 아이들은 미얀마의 문화에 대해 인터넷 검색을 해보기도 하고, 크레파스나 색연필 등을 챙기며 스스로 봉사 준비를 하였다.

5시간의 비행으로 '양곤'에 내린 후 4시간의 버스 이동을 아이들은 잘 참아 주었다. 우리가 도착한 곳은 '네피도'라는 도시였다. 무더운 날씨와 열악한 환경에서 처음 해보는 해외 의료봉사라 긴장도 되었지만, 늘 하던 일이었고 통역을 맡은 분들이 너무 열심히 해주셔서 큰 어려움을 겪지는 않았다.

아이들도 얼굴이 발갛게 상기되도록 풍선을 불고, 사탕과 머리핀을 나누어주는 등 나름 맡은 일을 열심히 해주어 마음이 뿌듯했다. 환자들은 어설픈 내 미얀마 말에도 활짝 웃어주었고, 눈으로, 몸짓으로 대화를 할 수 있었다.

가장 기억에 남는 환자는 어린 화상 환자였는데. 다행히 얼마 전 우리병원에서 연수하고 양곤에 병원을 개원한 의사 선생님께서 자기 병원이나 다른 병원을 연결해 치료받을 수 있도록 도울 예정이라는 얘기에 얼마나 감사하던지. 짧은 진료에도 감사함을 표현하는 사람들. 처음 봉사에 감사한 마음을 가득 담아 돌아올 수 있었다."(홍경희)

"나에게 이번 미얀마 의료봉사는 2013년, 2014년에 이어 세 번째이다. 과거에 의료봉사를 떠날 때는 나에게 보여주실 하나님의 역사를 기대하는 설렘이 있었는데 이번에는 예전과 달리 큰 부담감이 앞서 왔다. 작년 방글라데시를 다녀오면서 했던 반성과 고민 때문이었다. 매번 짧은 기간에 많은 사람을 봐줘야겠다는 욕심 때문에 한 사람 한 사람의 마음을 다 들여다보지 못하고 처방과 약 조제에만 급급했었다는 것에 대한 반성이다.

나를 찾아왔던 사람들은 모두 기분 좋게 돌아갔을까? 실망과 냉소를 띠고 돌아간 사람은 없었을까? 나는 그들이 보기에 괜찮은 의사였을까? 하나님이 보시기에 합당한 사람이었나?

모두의 병을 낫게 해줄 수는 없지만 모두를 기쁘게는 해야겠다고 다짐하며 매일 기도와 큐티로 준비하며 그들에게 다가갔다. 고통을 다 들어주고 치료해 줄 수는 없을지라도 같이 안타까운 마음으로 위로해주고 설명해주려고 노력했다. 때문에, 진료한 사람의 수는 이전보다 적었지만, 정신적으로는 더 힘들었던 의료봉사였다."(황예원)

미얀마 세림병원이 문을 닫은 후 미얀마에 의료 관계 인맥이 있어서 우리 2년 차 봉사 때 봉사 허가부터 많은 일을 도와, 대성황을 이루는 데 크게 기여해준 L선교사를 본의 아니게 많이 괴롭혔다. 사역을 다시 시작해 보려고 지푸라기를 잡는 심정으로 매달렸기 때문이다. 이번 네피도 의료봉사도 그 중 하나였는데 가능한 방법이 없었다. 그가 어렵게 찾아 제시한 '모바일 클리닉'은 우리 측의 부정적인 의견이 너무 강해 더 이상 말을 붙일 수가 없었다. 아무리 궁리해도 여의치가 않아 고민에 빠져있을 때 L선교사가 나를 찾아왔다.

이런저런 얘기 끝에 지난번 우리 팀이 네피도 의료봉사 때 만났던 소녀 이야기를 꺼내는데 순간 아차 싶었다. 네피도 봉사 후 보고는 받았으나 이런저런 일에 치여 그 후 경과를 챙기지 못했던 소녀였다.

어릴 때 하반신에 심한 화상을 입어 제대로 치료받지 못해 장애를 가지게 된 12세 소녀를 네피도 봉사에서 만났는데 현장에서 수술과 치료가 불가능하여, 몇 년 전 우리병원에 데리고 와 수련시켜 준, '쩌시얀'이 양곤에서 '강남메디컬뷰티센터'를 개원하고 있었고 우리 미얀마 의료봉사 때마다 함께했고 이 소녀도 함께 만났기에 그에게 맡기고 오면서, 미얀마에서 어려우면 우리나라에 데려와 수술해 주겠다고 약속했었다.

이미 여러 번 이런 경험이 있었고 우리가 중요하게 생각하는 '계속 돌봄(continual care)'이었던 것이다. 그런데 그 후 연락이 없어 현지에서 치료가 잘 진행되고 있는 줄 알고 있었는데 그게 아니었던 것이다. 그러잖아도 빚만 지고 은혜를 갚지 못했는데 미안한 마음에 얼굴이 뜨거웠다.

우리는 그 일에 당장 시동을 걸지 않을 수 없었고 서둘러 소녀를 데려와 어려운 수술과 치료를 시작했다. 소녀를 데려오는 과정도 쉽지 않았으나 생략한다. L선교사가 또 큰 수고를 했다.

워낙 큰 수술이어서 현장에서 소녀를 만났던 외과 한규황 선생님의 주선으로 순천향대학병원의 전문 교수님까지 초빙해 함께 수술해야 했다. 소녀가 치료받는 동안 많은 이들이 보호자로 나서서 당번을 정해 간병을 하는 등 참여와 사랑이 줄을 이었지만, 무엇보다 어린 소녀가 가족을 떠나 홀로 타국에 와 그 큰 대수술을 잘 참고 견뎌내 주어서 대견하고 기특해 병원이 한바탕 축제를 치르는 것 같았다.

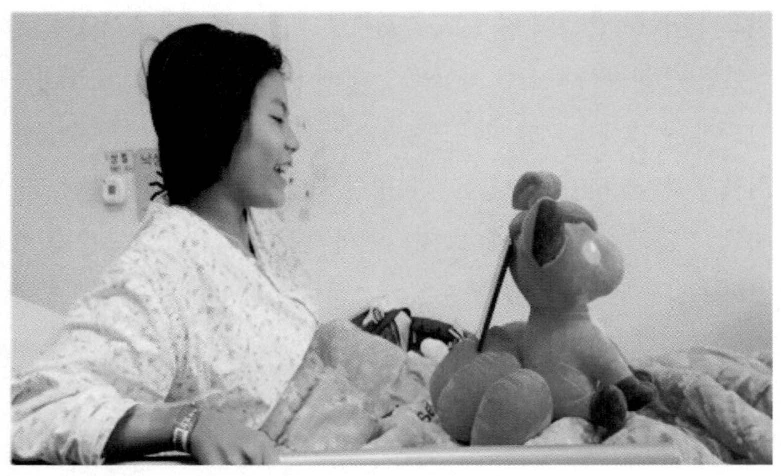

어릴 때 하반신에 심한 화상을 입어, 제대로 치료받지 못해 장애를 가지게 된 12세 소녀를 네피도 봉사에서 만났다. 현장에서 수술과 치료가 불가능하여, 세림병원에 데리고 와 현장에서 소녀를 만났던 외과 한규황 선생님의 주선으로 순천향대학병원의 전문의 교수님까지 초빙해 함께 수술해야 했다. 소녀가 치료받는 동안 많은 이들이 보호자로 나서서 당번을 정해 간병을 하는 등 참여와 사랑이 줄을 이었지만, 무엇보다 어린 소녀가 가족을 떠나 홀로 타국에 와 그 큰 대수술을 잘 참고 견뎌내 주어서 대견하고 기특해 병원이 한바탕 축제를 치르는 것 같았다. 한규황 선생님의 집으로 퇴원한 소녀는 후속 치료와 회복도 순조롭게 진행되어 한 선생님의 가족들과 함께 소녀의 로망이었던 롯데월드까지 다녀올 수 있었고 얼마 후 치료를 잘 마친 소녀는 병원 예배에 참석해 밝게 웃으며 인사하고는 집으로 돌아갔다. 소녀는 귀국한 후 동네잔치를 벌인 사진과 함께 감사의 인사를 전해왔다.

한규황 선생님의 집으로 퇴원한 소녀는 후속 치료와 회복도 순조롭게 진행되어 한 선생님의 가족들과 함께 소녀의 로망이었던 롯데월드까지 다녀올 수 있었고 얼마 후 치료를 잘 마친 소녀는 병원 예배에 참석해 밝게 웃으며 인사하고는 집으로 돌아갔다.

소녀가 귀국해 동네잔치를 벌인 사진과 함께 감사의 인사를 전해왔다. 늘 한구석 드리워져 있던 얼굴의 그늘이 온데간데없이 말끔히 사라져 있었다. 얼마나 기쁜일인가. 소녀는 분명 우리를 통한 하나님의 사랑을 평생 잊지 못할 거 아니겠는가?

3장

이뚜따 난민촌 병원으로

소녀가 돌아간 지 얼마나 되었을까. 우리는 태국 북부 미얀마와의 국경 지역에서 사역하고 있는 P선교사로부터 매우 안타까운 소식을 들었다. 국경 강 건너 미얀마 땅에 카렌족 난민들이 모여 사는 '이뚜따'라는 난민촌에 병원을 세우기는 세웠는데 건물을 짓고 12명의 메딕(Medic)을 데리고 운영을 시작하자마자 여기 기록할 수 없는 예민한 이유로 난민촌이 봉쇄되고 난민촌에 들어와 있던 국제 NGO들이 다 추방되었다는 것이었다.

사실 그는 병원을 세우기 전부터 그 이뚜따 난민촌병원을 우리에게 부탁해왔던 터여서 계속 마음을 쓰고 있었는데 내부적인 사정으로 때를 기다리고 있던 중이었다.

그런데 그 소식을 들은 후 나는 견딜 수가 없어 황급히 봉사단 임원들을 소집해 우리가 운영을 맡았으면 좋겠다고 설득했다. 이미 몇 번 이뚜따 얘기를 들어서 알고 있던 임원들은 고맙게도 한마음 한뜻

미얀마 전 지역이 사역의 어려움으로 비상사태가 되었으나 태국국경의 카렌 자치주와 이뚜따 난민촌 상황은 어려움 정도가 아니라 아예 그 어떤 사역도 불가능해졌다. 미얀마 사태를 지켜보는 이들이 다 그렇겠지만 우리 미얀마 사역팀의 아픔은 특별했다. 거의 10년 동안 만났던 많은 미얀마 사람들의 얼굴이 떠올라 견디기 힘든 지경이었다. 코로나 사태가 위중했지만 우리는 모이지 않을 수 없었다. 물론 비대면 시기였기에 많은 숫자가 모일 수는 없었지만, 비상 기도회를 갖는 동안 그 자리는 눈물바다가 되었다. 오래 전 광주에서 똑같은 일을 당했던 사람들의 증언에 안타까움이 더해져 하나님의 도우심을 언제 이토록 간절히 빌었던가 싶은 정도의 기도회였다. 우리는 이뚜따 난민촌 병원 사역을 접지 않고, 지금은 방법이 없지만 언젠가 우리가 도울 수 있는 길이 열리면 계속 이어가기로 의견을 모으며 안타까운 마음을 달래야 했다.

이 되어 주었다. 급히 P선교사를 초빙해 브리핑 모임을 가졌다.

모임을 마친 후 식사 자리로 이동하는 길에서 P선교사가 함께 걸어가던 우리병원 양문술 원장님께 고개를 흔들며 말했다. "장 목사님은 참 이상한 분이세요. 가 볼 수도 없어 다들 회피하는 일에 달려드시니 말이에요? 양 원장님이 대답했다. "그게 맞는 거 아닙니까?"

우리의 미얀마 2기 사역은 그렇게 시작되었고 곧바로 이뚜따 난민촌 병원 사역을 위한 비전트립을 준비했다. 물론 우리가 운영할 난민촌 병원에 가 볼 수는 없지만 주변 상황이라도 파악하기 위해서였다.

"미얀마 카렌자치주 안에 위치한 이뚜타난민촌병원에 기쁜 소식이 생겨서 알립니다.^^ 2590명의 피난민(IDP)을 위한 무료병원을 작년에 개원하였는데, 이번에 부평 세림병원교회에서 귀한 고마운 결정을 해주셨습니다. 12명의 메딕(일차 의료인력, 조산사, 간호인력)들을 위한 1년 동안의 급여 지원을 결정하여 주셨습니다.

특히 1,000원과 동전을 꾸준히 후원하는 이름 없는 들풀과 같은 후원자들의 소중한 기도의 열매이기에 이뚜타 피난민들 모두에게도 큰 기쁨과 위로가 되는 소식입니다. 금년 10월 말에 정탐팀까지 계획하고 있음에 또한 감사의 마음을 전합니다. 세림병원교회 정탐팀의 방문을 환영하고 많이 기대합니다.^^"(P선교사)

2019년 10월 31일, 비전트립팀이 준비를 마치고 미얀마 2기 사역팀장을 맡은 '빛과 울' 김세일 대표를 중심으로 6명의 단원이 태국으로 출국했다. 이뚜따 난민촌은 미얀마 땅에 있었으나 미얀마에서 접근할 수 없기 때문이었다.

비전트립팀은 국경에서 쪽배로 강을 건너 돌아본 주변 상황을 미루어 봉쇄된 난민촌 병원의 안타까운 형편을 짐작할 수 있었고 팀장을 비롯해 후원회원들은 더 열심히 후원에 열을 올렸다.

특별히 20여 년 전부터 우리 무료병동 선교센터 초대후원회 간사를 시작으로 모든 사역을 함께하며 남편과 자녀들까지도 후원 이사로 동참시킨 권차남 전도사님이 미얀마 팀 간사를 맡고 있었기 때문에 든든했다. 전도사님은 틈틈이 잘 보이지도 않는 시력으로 수세미까지 뜨개질해 1,000원씩에 팔아 후원금을 보태시는 분이시니 말해 뭐하겠는가.

그렇게 미얀마 2기 사역이 3년째를 이어 자리를 잡아가고 있을 때, 우리의 사역이 전혀 새로운 국면에 접어드는 사태가 발생하고 말았다.

비전트립을 다녀오자마자 코로나가 터져 전 세계가 갈팡질팡 헤매고 있을 때, 설상가상 미얀마에 세계가 다 아는 사태가 벌어져 병원뿐 아니라 빈민촌 내 모든 시설이 파괴되고 난민촌 사람들은 모두 토굴이나 바위틈을 찾아 뿔뿔이 흩어지게 된 것이다.

안타깝기 그지없는 일이었다. 카렌 자치주에 병원을 짓고 의대까지 준비하던 P선교사의 낙심도 이만저만이 아니었다. 무엇하나 해볼 수 있는 게 아무것도 없는 그야말로 '패닉상태'가 되어버린 것이다.

미얀마 전 지역이 사역의 어려움으로 비상사태가 되었으나 태국 국경의 카렌 자치주와 이뚜따 난민촌 상황은 어려움 정도가 아니라 아예 그 어떤 사역도 불가능해졌고 P선교사도 코로나 사태까지 겹쳐 현장 복귀가 막히면서 더 이상 아무 손을 쓸 수 없게 되고 만 것이었다. 미얀마 사태를 지켜보는 이들이 다 그렇겠지만 우리 미얀마 사역팀의 아픔은 특별했다. 거의 10년 동안 만났던 많은 미얀마 사람들의 얼굴이 떠올라 견디기 힘든 지경이었다.

코로나 사태가 위중했지만 우리는 모이지 않을 수 없었다. 물론 비대면 시기였기에 많은 숫자가 모일 수는 없었지만, 비상 기도회를 갖는 동안 그 자리는 눈물바다가 되었다. 오래전 광주에서 똑같은 일을 당했던 사람들의 증언에 안타까움이 더해져 하나님의 도우심을 언제 이토록 간절히 빌었던가 싶은 정도의 기도회였다. 우리는 이뚜따 난민촌 병원 사역을 접지 않고, 지금은 방법이 없지만 언젠가 우리가 도울 수 있는 길이 열리면 계속 이어가기로 의견을 모으며 안타까운 마음을 달래야 했다.

4장

세 번째 우물을 파다

난민촌에서조차 사역이 불가능해지고 말았지만 우리는 미얀마 사역을 멈추거나 포기할 수 없었다. 동전으로 만들어주신 첫 기적을 이렇게 물거품이 되게 할 수는 없었기 때문이었다. 나는 방글라데시에서 미얀마 양곤으로 사역지를 옮긴 P선교사를 서둘러 찾았다.

그는 따야공에 세운 미얀마 세림병원이 문을 닫은 후, 사역을 다시 시작하기 위해 부단히 함께 길을 찾던 선교사 중 하나인데 그 역시 도무지 찾을 수 없어 애만 태우고 있다가, 봉쇄된 난민촌 소식을 듣고 이뚜따로 가서 2기 사역을 이어가게 되었던 것인데, 난민촌 병원이 그렇게 된 후 그의 근황이 몹시 궁금했기 때문이었다. 그런데 그는 내가 예상했던 것보다 훨씬 빨리 자리 잡힌 모습을 보여주며 우리 의료사역에 의욕을 보였다.

그는 옛날 한국외국인선교회 간사로 일하며 우리 무료병동에 외국인 환자들을 자주 데려왔었고, 본인도 사고로 다쳐 우리병원에서

우리는 다시 양곤 외곽에서 세 번째 우물을 팠다. P선교사가 사역하는 센터 바로 옆 초등학교는 학생 수가 2,500명이나 되어 3부로 수업을 하고 있을 정도로 출산율이 높은데, 우리나라도 그 시절 영유아와 산모의 사망률이 높았던 것처럼 미얀마도 마찬가지였다. 특히 최근의 사태로 경제적 형편이 10년을 후퇴했다는 통계이니 언제나 그렇듯 가난한 사람들의 형편은 더욱더 피폐해져 모자보건이 매우 시급하고 중요한 상황이었다. 우리는 서둘러 대상자를 물색하는 실태조사에 들어갔다. 외곽 빈민 지역을 가가호호 방문해 모자보건상황을 파악하고 우리의 돌봄과 지원을 설계하기 시작했다.

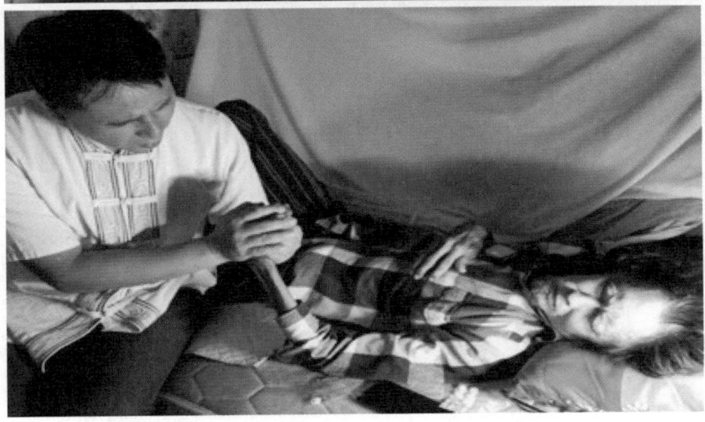

수술과 치료를 받은 일도 있어 우리 사역을 익히 잘 알고 있었고, 우리 방글라데시 세림병원 설립에도 주도적 역할을 했었던 선교사였기에 믿음이 갔다. 나는 서둘러 미안마 후원팀을 소집했다. 익히 잘 아는 선교사여서 반가웠다.

그가 사역하고 있는 양곤 외곽지역은 보건 의료지원 사역의 필요와 전망이 아주 밝았다. 이미 자리를 잘 잡은 기아 대책 사역과 함께 진행한다면 시너지효과가 클 것으로 예상되었다. 문제는 보건 의료에 전문적 지식이나 경험이 없는 것이었는데 P선교사의 부인 D선교사가 안식년을 이용해 최선을 다해 준비할 수 있었고, 우리는 다시 양곤 외곽에서 세 번째 우물을 팠다.

P선교사가 사역하는 센터 바로 옆 초등학교는 학생 수가 2,500명이나 되어 3부로 수업을 하고 있을 정도로 출산율이 높은데, 우리나라도 그 시절 영유아와 산모의 사망률이 높았던 것처럼 미안마도 마찬가지였다. 특히 최근의 사태로 경제적 형편이 10년을 후퇴했다는 통계이니 언제나 그렇듯 가난한 사람들의 형편은 더욱더 피폐해져 모자보건이 매우 시급하고 중요한 상황이었다. 우리는 서둘러 대상자를 물색하는 실태조사에 들어갔다. 외곽 빈민 지역을 가가호호 방문해 모자보건상황을 파악하고 우리의 돌봄과 지원을 설계하기 시작했다.

그런데 조사를 시작하자마자 이런 보고를 해왔다.

"긴급하게 도움이 필요한 환자를 만나 그 가정을 방문하게 되었고 환자에 대한 여러 가지 형편을 알게 되었습니다. 환자는 불교도에서 기독교로 개종하였고 사역자에 대한 부르심이 있어 늦은 나이에 신학교를 다니며 전도자로서의 삶을 살아가고 있던 중 당뇨병으로 인한 합병증으로 현재 침상에 누워만 지내는 신세가 되었습니다. 그의 간증을 들어보니 지금까지 부르심에 순종하며 여기까지 왔으며 지금 침상에서도 복음을 전하는 사명은 변하지 않았다고 하였습니다. 그래서 함께 손을 잡고 치료하시는 하나님께 은혜를 구하며 기도하였습니다.

저는 이번 일을 보면서 미얀마 세림보건의료지원사역이 모자보건을 중심으로 시작하지만, 미래의 사역 확장을 보여주신다고 생각합니다. 모자보건에 집중하되 긴급하게 도울 환자에게도 예수님의 손길이 되고자 합니다."

2023년 새해가 되자 다시 소식이 왔다.

"작년 11월에 소개해 드린 당뇨병 환자 아웅킨노(66세) 선생님을 기억하시죠? 저희가 1월 17일에 가정방문을 하였을 때 눈만 뜨고 있을 뿐 의식이 없는 위급한 상황이었습니다. 이유인즉 3일 동안 밥을 먹지 못하고 저혈당(46mg)이 되어 의식이 가물가물 사경을 헤매게 되었다는 것입니다. 감사하게도 저희를 만나 급하게 의료진을 불렀고 의사의 긴급 처치를 통해 다시 의식이 돌아오게 되었습니다.

사연을 들어보니 병원에 가면 하루 오만 원씩 진료비가 나오는데 도저히 감당할 수 없어서 그냥 집에만 있었다는 것입니다. 그래서 저희 센터가 이런 일 하려고 세워진 것이라 말씀드리고 다음날 병원에 입원시켜 드렸습니다. 저희가 하루라도 아니 한 시간만이라도 늦었으면 한 생명을 잃을 뻔했는데 얼마나 감사한 일입니까?

ps/앞으로 세림 보건의료지원센터가 나아가야 하는 방향에 대해 여러 가지 좋은 생각들이 있을 수 있지만 한 가정씩 방문하여 그들과 함께해준다면 이보다 좋은 사역은 없으리라 봅니다. 앞으로 좀 더 준비할 것은 응급상황 시 연결할 수 있는 현지 의료진과 병원과의 협력 그리고 가정에 비상시 대비할 구급상자라고 생각합니다."

우리는 현지인 직원을 한 명 고용해 위태로운 생명을 적극적으로 찾아 나서기 시작했다. 예방보건사역에서 가장 시급하게 필요한 것은 구급상자였다. 초기 상처 관리와 구급이 소를 잃기 전에 외양간을 고치는 일이었고 가래로 막을 걸 호미로 막는 일이었다.

구급상자 100개가 당장 필요한데 지원해줄 수 있겠는지 물어왔다. 미얀마 후원팀 단톡방에 공지했더니 나의 만류에도 불구하고 팀장인 김세일 집사가 300만 원이나 되는 큰 비용을 막무가내로 자기가 부담하겠다고 했다. 내가 왜 그러느냐고 했더니 "이거 목사님한테 배운 건데요?"란다. 볼수록 든든한 친구다.

구급함을 들고 한 집 한 집 방문하면서 보니 예상했던 것보다 형편이 심각한 사람들이 많았다.

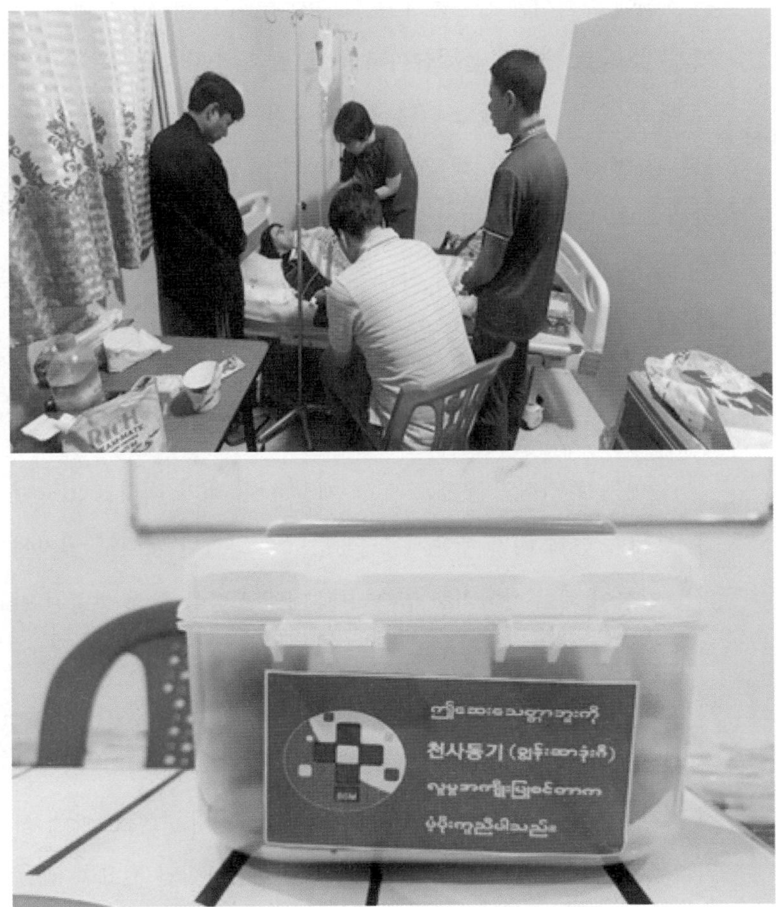

우리는 현지인 직원을 한 명 고용해 위태로운 생명을 적극적으로 찾아 나서기 시작했다. 예방보건사역에서 가장 시급하게 필요한 것은 구급상자였다. 초기 상처 관리와 구급이 소를 잃기 전에 외양간을 고치는 일이었고 가래로 막을 걸 호미로 막는 일이었다.

"아웅킨노 선생님은 입원하신 지 2주 만에 퇴원하셨습니다. 제가 그 가정을 다시 심방하였을 때는 주무시고 계셨는데 함께 기도하는 소리에 깨셔서는 찬송을 부를 때 힘이 난다고 하셔서 환자와 함께 큰 소리로 찬양을 불렀습니다. 손을 들 힘조차 없는 분이 찬양할 때 두 손을 높이 들고 하나님께 찬양하는 모습은 정말 잊을 수 없는 장면 중 하나입니다. 생각날 때마다 아웅킨노 선생님을 위해 기도해 주시길 부탁드립니다.

너무 슬프게도 미얀마의 시간은 21세기를 거꾸로 가는 것 같습니다. 그럼에도 불구하고, 우리의 삶과 선교는 계속 진행되어야겠지요. 소망이 없는 지친 미얀마인들의 일상에 한줄기 위로의 손길이 되어 주시는 천사동기 여러분께 감사의 인사를 드립니다.

미얀마는 본격적인 우기로 인해 매일 같이 비가 내리고 있습니다. 그래도 언제 비가 왔는지 모를 정도로 화창한 날씨도 있기에 비는 일상이 되어 살아가고 있습니다. 매일 심방을 통해 선별된 빈곤가정에 쌀과 구급함을 나누어 주고 있습니다. 또한 간단한 혈압과 당뇨 검사를 통해 보건에도 지속적인 노력을 하고 있습니다.

앞으로 미얀마 상황이 어떻게 변화할지는 잘 모르지만, 현재까지 보기로는 경제 상황이 매우 나빠지리라 봅니다. 이러한 때에 시의적절하게 세림의료지원센터에서 그들의 의료적인 필요를 공급해 주셔서 얼마나 감사하고 큰 힘이 되는지 모릅니다. 미얀마를 위해 함께 기도해 주시는 모든 세림의료지원센터 후원자님께 감사의 인사를 드립니다.

미얀마는 경제상황이 어려워져서 하루 10시간씩 정전이 됩니다.

그래서 사용하는 발전기로는 유류비를 감당할 수 없기에 대안으로 태양광으로 충전하여 전기를 공급하는 장치(배터리와 인버터)를 증설하려 합니다. 모든 일이 순적하게 진행되길 기도해 주시길 바랍니다."

당장 돌보고, 지원해야 할 사람들이 늘어갔고 생명이 위급해 병원 치료가 필요한 사람들도 만나 우리의 도움으로 생명을 건지는 사례가 늘어갔다. 미얀마 세림의료지원 사역은 이렇게 점점 자라가서 머잖아 간호사를 고용해 돌봄과 지원의 전문성과 사역의 깊이를 더해 갈 것이다.

5장

두 번째 동전의 기적, 방글라데시 세림병원

2012년 성탄절, 동전으로 미안마 세림병원을 세운 후 우리는 정말 꿈을 꾸는 것만 같았다. 1,000원씩 모아 어려운 환자를 도울 수 있게 해주신 것도 꿈만 같은데 동전을 모아 해외에 병원을 세워 사랑의 돌봄을 상시 펼칠 수 있게 해주신 게 도무지 믿어지지 않을 지경이었을 뿐만 아니라, 오랫동안 해외 의료봉사를 하며 점점 더 쌓여오던 죄책감을 이젠 더 이상 가지지 않아도 되게 해주셨으니 말이다. 안 먹어도 배가 부르다더니 이럴 때를 두고 하는 말인 것 같았다.

미안마 세림병원 개원식과 의료봉사를 다녀온 후, 우리는 너무나 감격해 그만 사고를 치고 말았다. 이렇게 신나는 일을 무슨 수를 써서라도 3년에 하나씩, 5개를 하겠다고 선포한 것이다.

우리는 곧바로 다음 후보지를 물색했고 이곳저곳을 타진하던 중 방글라데시에서 사역하고 있는 L선교사를 만나게 되었다. 그는 네팔에서 오랫동안 사역하던 분인데 거기서 두 자녀를 잃는 끔찍한 일을 당한 후 방글라데시로 사역지를 옮기고 수도 다카 외곽 '까말빠라'에 비전센터 건물을 예쁘게 신축했는데 클리닉을 하려고 1층을 비워놓고 기도하고 있다는 것이었다. 아니 이럴 수가, 이런 횡재가 어디 있단 말인가. 물론 우리 형편은 미얀마 세림병원을 세운 지 1년 밖에 지나지 않은 시점이어서 준비가 전혀 안 된 상황이었지만 하나님께서 너무나 완벽하게 준비해 놓으시고 마치 선물로 주시는 것 같아 반갑고 감사하기 그지없었다.

예산을 어떻게 충당할 것인가, 감당할 수는 있는 일인가, 우려하는 사람들이 많았으나 그런 건 안중에 없었다. 그 선물을 받을 수만 있다면 기꺼이 있는 것 없는 것 몽땅 털어도 아깝지 않은 심정이었다. 마치 '밭에 감춰져 있던 보화를 발견한 사람'(마태복음 13:44)처럼, 다 털어서라도 그것을 얻고 싶었던 것이었다.

우리는 곧바로 두 번째 기적 만들기 프로젝트에 돌입했다. 오래전부터 우리 롤 모델(role model) 중 하나로 삼고 있는 믿을만한 꼬람똘라병원의 도움도 받을 수 있어서 얼마나 다행인가. 꼬람똘라병원의 분원으로 설립되면 아주 이상적이지 않겠는가. MOU를 비롯한 몇 차례 준비모임을 가진 후, 세 명의 봉사단 임원이 답사를 다녀와 아주 긍정적인 보고와 함께 설립안을 내놓았다.

놀라운 건 우리의 MOU 소식을 듣고 답사를 떠나기 전부터, 현지에서 이 프로젝트를 맡은 P선교사와 꼬람똘라병원의 P원장이 벌써 의기투합해 우리병원에서 일할 직원(의사, 간호사, 약사, x-ray 기사, 임상병리사) 5명을 선발해 준비하고 있었고, 병원설립에 관한 제반 사항들을 잘 설계하고 있었기에 답사 대원들은 모두 감격을 억누르지 못하고

미얀마 세림병원 개원식과 의료봉사를 다녀온 후, 우리는 너무나 감격해 그만 사고를 치고 말았다. 이렇게 신나는 일을 무슨 수를 써서라도 3년에 하나씩, 5개를 하겠다고 선포한 것이다. 우리는 곧바로 다음 후보지를 물색했고 이곳저곳을 타진하던 중 방글라데시에서 사역하고 있는 L선교사를 만나게 되었다. 그는 네팔에서 오랫동안 사역하던 분인데 거기서 두 자녀를 잃는 끔찍한 일을 당한 후 방글라데시로 사역지를 옮기고 수도 다카 외곽 '까말빠라'에 비전센터 건물을 예쁘게 신축했는데 클리닉을 하려고 1층을 비워놓고 기도하고 있다는 것이었다. 아니 이럴 수가, 이런 횡재가 어디 있단 말인가. 물론 우리 형편은 미얀마 세림병원을 세운 지 1년밖에 지나지 않은 시점이어서 준비가 전혀 안 된 상황이었지만 하나님께서 너무나 완벽하게 준비해 놓으시고 마치 선물로 주시는 것 같아 반갑고 감사하기 그지없었다.

있었다.

이보다 완벽할 수 있단 말인가. 이미 건물은 완공되어 있었으니 인테리어 공사만 하면 되고, 직원들도 준비되어 있고, 의약품과 의료 장비도 꼬람똘라 병원에서 구매대행을 맡아주기로 되어 있으니 올해 안에 개원이 가능하다는 것이었다.

5,000만 원을 만들어 송금하는 일이 발등에 떨어졌다. 모여진 동전을 보니 채 500만 원도 되지 않았지만, 걱정이 되지 않았다. 늘 그래왔듯이 대책 없는 사고뭉치의 이번 사고도 하나님이 맡아 채워주실 줄 믿었기 때문이다.

미얀마 세림병원을 세운 지 2년도 되지 않아 방글라데시에 두 번째 동전병원을 세운다는 소식에 놀란 사람들은 너나 할 것 없이 동전 모으기 운동에 더욱더 발 벗고 나섰다. 방글라데시 선교부에서도 우리의 동전 사역에 고무되어 벤치마킹해 동전 모으기를 시작했고 또다시 벌어진 일일 찻집 잔치엔 동전을 손에 든 사람들로 만원을 이뤘다. 특별히 이번 카페 바리스타는 새터민 정착 사역을 하시는 신영욱 목사님이 보내준 탈북 새터민들이 맡아서 더 의미가 깊었다.

방글라데시 현장에선 인테리어 공사가 한창이었고 각종 의료장비들이 속속 준비되고 있어 방글라데시 세림병원 개원 일정이 순조롭게 진행되고 있었다. 그런 날이 얼마나 이어졌을까. 개원식을 알리는 현수막이 붙고 개원 준비가 막바지에 접어들 무렵, 청천 하늘에 날벼락 같은 사건이 발생하고 말았다.

미얀마 세림병원을 세운 지 2년도 되지 않아 방글라데시에 두 번째 동전병원을 세운다는 소식에 놀란 사람들은 너나 할 것 없이 동전 모으기 운동에 더욱더 발 벗고 나섰다. 방글라데시 선교부에서도 우리의 동전 사역에 고무되어 벤치마킹해 동전 모으기를 시작했고 또다시 벌어진 일일 찻집 잔치엔 동전을 손에 든 사람들로 만원을 이뤘다.

우리 방글라데시 세림병원의 설립을 전적으로 맡아 준비해주던 꼬람똘라병원의 P선교사가 재단 이사회로부터 비자 연장을 받지 못해 원장에서 해임되고 방글라데시를 떠나게 되면서 우리병원을 위해 준비하던 모든 일들이 다 없던 일이 되고 만 것이다.

'세상에 이런 변이 있나'라는 말은 이런 때 쓰는 말인가 보다. 현지에서 병원 개원 소식은 이미 다 알려져 있었고, 우리병원에서도 개원식 겸 의료봉사를 떠날 준비가 마무리되어가던 상황이었기에 취소할 수도, 진행할 수도 없는 그야말로 진퇴양난이었다.

방글라데시 선교부나 우리나 그 난감함은 이루 말할 수 없는 지경이었지만 머뭇거릴 시간도 없어 신속히 결단을 내려야 했다. 우리는 예정된 날짜에 맞춰 개원을 그대로 진행하기로 했다. 시작부터 신용을 잃을 수는 없지 않은가?

"모두가 백방으로 발 벗고 나서서 인테리어 공사 마무리와 의료장비구입, 그리고 직원모집과 개원식 준비에 박차를 가하자. 다 준비가 안 되더라도 개원은 예정대로 하는 거다."

방글라데시 쪽에서도 우리 쪽에서도 발칵 뒤집혀 이리저리 뛰어다님으로 결국 완벽하진 않았으나 예정대로 개원할 수 있었고 우리도 예정대로 개원식과 의료봉사를 다녀올 수 있었다.

사람에겐 참 신비로운 잠재 능력이 존재한다는 걸 느낄 때가 있다. 평상시엔 잘 감지되지 않지만, 위기를 만났을 때 폭발적으로 솟아오르는 낯선 힘 말이다. 그 힘은 개인적으로도 그렇지만 집단일 때 훨씬 더 놀라운 시너지를 발휘한다는 사실을 다시 경험하게 된 계기였다. 문제를 함께 문제로 삼으면 그 어떤 문제도 문제가 되지

성황리에 진행된 개원식과 의료봉사는 큰 감동이었다. x-ray, 초음파, 내시경, 심전도, 임상병리 기구와 약국 등 미얀마보다는 규모를 제법 갖추고 있어서 수술도 여러 건 진행할 수 있을 만큼 진료의 수준과 질도 높일 수 있었으니 얼마나 기쁨과 보람이 컸겠는가.

이병원은대한민국부평세림병원교회
무료병동을꿈꾸는선교센타에서
동전을모아세운두번째병원입니다
"পয়সা সংগ্রহ করে সারা বিশ্বে
চিকিৎসা সেবা ছড়িয়ে দিবার
উদ্দেশ্যে বুকেয়ং সেরিম হাসপাতাল
চার্চ কোরিয়া মিশন সেন্টার কর্তৃক
স্থাপিত এইটিই ২য় হাসপাতাল।
2015년02월06일
부평세림병원교회

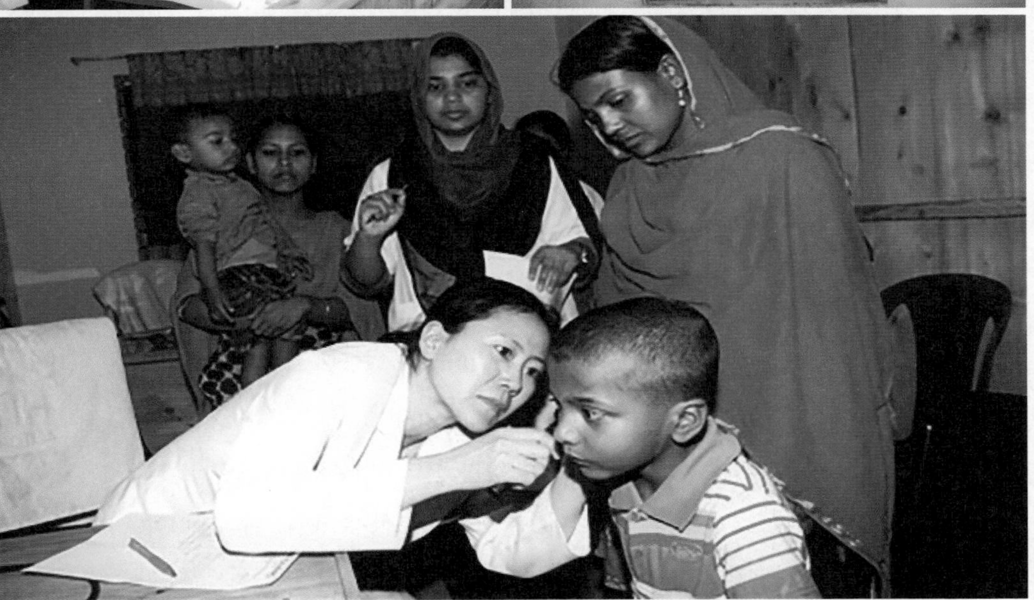

RIM CLINIC
Canaan Vision Center

DHAKA SERIM CLINIC
ঢাকা

않는다는 사실을 말이다.

성황리에 진행된 개원식과 의료봉사는 그래서 더 큰 감동이었다. x-ray, 초음파, 내시경, 심전도, 임상병리 기구와 약국 등 미안마보다는 규모를 제법 갖추고 있어서 수술도 여러 건 진행할 수 있을 만큼 진료의 수준과 질도 높일 수 있었으니 얼마나 기쁨과 보람이 컸겠는가.

"처음으로 해외 의료봉사에 참여한 방글라데시는 일단 인구밀도가 높고 못사는 나라로 알고 있었습니다. 그런데 인력거인 릭샤를 하루 종일 끌고 다니고, 사람들이 버스 지붕 위에 타고 다니는 모습을 보며 왠지 젊은 활기마저 느껴지는 이유는 무엇일까요. 현지의 날씨는 겨울이어서 우리나라의 가을처럼 화창하였습니다. 비가 오면 그야말로 똥물이 길에 넘친다고 들었는데 다행히 맑은 날씨 덕분에 봉사 기간 내내 지내기 좋았습니다.

비전센터에서 병원 개원식을 마치고 드디어 설렘 반 두려움 반으로 진료가 시작되었습니다. 전 전공이 소아청소년과 여의사이다 보니 주로 아이들과 여자 환자들을 진료하였습니다. 아이들은 어디를 가든 이렇게 예쁜 걸까요? 우는 아이들도 웃는 아이들도 예뻤습니다. 진료에 대한 거부감도 없어서 선뜻 자기 몸을 진료에 협조해서 복부 진찰할 때 등뼈까지 만져질 정도로 잘 먹질 못해서인지 많이 말랐고 발육상태는 좋지 않았습니다. 12살 링컨이라는 아이는 9살 제 둘째 아들보다 약간 클 정도였습니다.

그래도 치아가 대부분 깨끗하고 중이염 빼고는 심하게 아픈 아이는 없었습니다. 병원 접근도가 낮은 곳에서 지병이 있으면 더 안타까운 일이라 내심 걱정했는데 비교적 건강한 아이들이라 더 반가웠습니다. 여자들은 18세면 이미 결혼해서 아이를 하나, 둘은 낳는다고 합니다. 결혼한 여성은 나이가 많든 적든 웃음기가 사라진 얼굴에 몸 여기저기가 아프다고 하는 것은 출산율도 높고 집에만 갇혀 지내는 탓일까 추측되었습니다.

간단한 진료와 약 처방이 조금이나마 심적, 육체적으로 도움이 되었으면 하는 바람이었고 저 개인적으로는 20년 일상을 조금 벗어난 좋은 경험이었습니다. 준비하면서 도와주신 분들과, 같이 가서 봉사했던 모든 분께 감사드립니다. 또한 함께 갔던 아들 승현이까지 잘 챙겨주신 것도 감사합니다.

아들은 귀국하고서 봉사가 너무 짧았다고 아쉬워하며 많은 눈물을 흘리기도 했습니다. 여러 날이 지났지만, 행복하고 아직도 흥분이 가시지 않습니다."(이현지)

"미얀마에 이어 두 번째로 방글라데시에 세림병원이 세워져 개원식과 함께 의료봉사를 한다는 소식을 들었다. 와우! 방글라데시 의료봉사! '나도 참여해서 어려운 사람을 도와야지'하는 마음으로 참여하게 되었다. 봉사한다는 기쁨도 컸지만, 한편으로는 내가 그 사람들한테 도움을 줄 수 있을까?

수시로 폭동도 일어나서 사람도 많이 죽고 에볼라도 인도까지 와 있다는데 안전할까? 정말 괜찮을까? 이런 여러 가지 생각과 걱정들로 마음이 혼란스러웠다. 하지만 이내 마음은 평온해졌고 내 마음은 봉사에 대한 열정으로 뜨거워졌다.

드디어 의료봉사가 시작되는 날! 미지에 대한 호기심과 현지의 사람들을 만날 설레는 맘으로 방글라데시로 떠났다. 긴 비행으로 몸은 피곤했지만 도착하자마자 내일 진료를 위해 짐과 약들을 정리했다. 다음날 일찍 주위를 둘러보고 '빈민가들은 다 비슷하구나!' 생각이 들었다.

그런데 환경과 주변 시설은 우리가 생각하는 것 이상으로 열악하지만, 사람들의 모습과 표정에서는 전혀 불행을 느낄 수가 없었다. 이런 곳에 살아도 행복할까? 행복지수가 우리보다 높은 이유가 뭘까? 그렇게 질문을 하면서 잠시 행복에 대해서 생각해보았다.

현재 난 정말로 행복한 사람인가? 내 삶에 만족하며 감사하며 살고 있는가? 내가 방글라데시로 봉사하러 왔지만, 방글라데시 사람들이 오히려 나에게 몇 배 더 귀한 중요한 것을 선물로 주는 느낌이었다."(김미연)

"간호사 15년 차. 세림병원 근무도 벌써 13년이 훌쩍 지났다. 한 남자의 아내, 두 딸의 엄마, 그리고 병원에서의 직장생활. 나의 일상은 항상 같았고 때로는 지루하기까지 했다. 아침에 둘째 아이를 어린이집에 내려놓고 출근해서 일하고 둘째 아이를 찾으러 가기 위해 퇴근을 재촉했다. 이런 가운데 작년 말 간호부 회식 때 방글라데시 의료봉사 이야기가 나왔다. '한 번쯤은 가 보고 싶다.'라고 툭 던진 말에 간호부장님께서는 "그래, 함께 가자." 하셨다.

누군가는 나에게 '봉사와 전혀 어울리지 않을 것 같은 사람'이라며 의아해했다. 앞에선 호탕하게 웃어넘겼지만 '그래. 나는 그런 사람이었구나!' 하며 나를 돌아보며 반성하는 계기가 되었다.

남편에게 해외 의료봉사 이야기를 꺼내자 남편은 휴가를 내서라도 두 아이를 돌보겠다며 선뜻 참가비까지 내주겠다고 했다. 나는 이런 든든한 남편과 사랑하는 친정엄마의 도움 덕분에 진짜로 방글라데시로 떠나게 되었다.

방글라데시에 도착했을 때 반갑게 우리 일행을 반겨주셨던 5명의 선교사님. 정말 큰 뜻을 품으신 분들이라 그런지 인상도 너무 좋으셨다. 그곳에서의 첫날 오전은 예배와 개원식이 있었다. 교회 뜰만 밟았던 나는 가나안비전센터 아이들의 찬양과 기도를 들으며 은혜로운 예배를 드릴 수 있었다.

오후부터 시작된 진료. 사실 너무 긴장됐다. 어쩌면 간호사로서는 창피한 이야기지만 수술실에서만 근무했던 나는 오로지 수술실 업무밖에 할 줄 아는 게 없다. 그래서 약제팀에 속하여 이름도 모르는 많은 약들과 그곳에서 내시경을 하시겠다는 한규황 과장님을 잘 어시스트 할 수 있을까 걱정이 앞섰다. 하지만 의료봉사를 미리 준비해주신 분들이 증상에 맞게 포장한 약속 처방을 일수에 맞춰 주면 되었고 어려운 처방전은 신속히 최향숙 부장님과 김미연 팀장님께 패스~ ㅋㅋ

지금도 그때 약을 주며 외쳤던 '띤에 띤달(하루 3번), 띤에 엑달(하루 1번)'이 머릿속을 맴돈다. 우려했던 내시경도 훌륭하신 한 과장님은 혼자서도 잘하셨고, 또한 수술실 업무밖에 모르는 나였지만 한 과장님을 도와 수술을 5개나 하는 바람에 주특기가 통하는 시간이었다.

4박 5일이라는 일정이었지만 방글라데시 다카에서의 의료봉사는 600명에 육박하는 다카 주민들을 진료했다. 파스를 붙여주고 약을 건네주고 수술하고 드레싱을 해주며 나는 내가 해줄 수 있는 일을 낯선 나라의 사람들에게 해주었다.

이번 방글라데시 의료봉사를 통해 많은 것을 배울 수 있었다. '봉사'는 내게 없는 것을 주고, 내가 할 수 없는 것을 하는 게 아니라는 것, 그리고 세상에는 참 좋은 사람들이 많다는 것을, 더불어 나도 나누는 삶을 살아야겠다는 것을…"(백선애)

"이번에 다녀온 방글라데시. 사실 별로 아는 게 없는 나라였다. 대략 최대 빈민국, 높은 인구밀도, 한국으로 일하러 온 많은 이주 노동자들. 그리고 아이러니하게도 행복지수 1위라는 나라. 실제로 눈에 본 방글라데시는 역시 어디에나 넘쳐나는 수많은 인파, 그보다 더 많이 나뒹구는 쓰레기, 끊임없이 들려오는 자동차 경적, 무수히 많은 판자집들. 답사 때도 느꼈었는데 봉사 기간에도 주변을 바라보니 여전히 같은 모습들이다.

이곳에 작은 진료소를 개원했다. '다카 세림병원!' 예배와 개원식을 했고 축하 인사를 하기도 했다. 이번에 의료봉사하면서 느낀 점은 봉사가 거듭될수록 봉사단의 실력은 향상되는 것 같다. 손발이 잘 맞아 더 많은 인원을 진료할 수 있게 되었다. 참 감사한 일이다. 그러나 이제는 그냥 이틀 사흘하고 돌아오면 그것으로 끝이 아니라는 것이다. 현지 세림병원을 통해 계속 책임을 져야 하는 것이다.

다카에 세운 이 작은 병원이 지역의 수많은 사람들의 건강을 책임 지지는 못할지라도 우리의 사랑과 정성이 전해지는 통로가 되기를 기도한다."(한규황)

"언제나 봉사를 가 보면 아무리 한국에서 준비를 잘해 와도 현지에 오면 부족하고 아쉬움이 남았다. 그런데 이젠 우리 병원이 현지에 세워져 환자들에게 계속해서 도움을 줄 수 있다는 생각에 기분이 좋았다. 이번엔 약도 넉넉히 주는 바람에 둘째 날에는 약이 모자랄 것 같아 걱정했으나 약품 창고를 정리해보니 작년에 한국에서 온 팀이 두고 간 많은 약이 있어서 재활용할 수 있었다.

약품 창고를 정리해 준 것도 기쁘다. 그렇지 않았으면 좋은 약들을 많이 버릴뻔했기 때문이다. 이번에 약제팀을 맡으며 좋은 약이 많아 충분히 활용할 수 있어 감사했다. 다음에도 의료봉사를 하게 되면 약을 남기지 않는 한에서 많이 준비하고 충분히 주고 오면 좋을 것 같다."(최향숙)

"병원에서 기사실 주임으로 일하며 원목실과 연계하여 벌써 4개국 정도 의료봉사에 참여했다. 사실 의료진도 아니고 봉사를 할 수 있는 자격도 없는데 수년 동안 계속해서 해외 의료봉사에 참여할 수 있어서 항상 감사한 마음이고 할 수만 있다면 끝까지 함께 하고 싶다. 개인적으로는 원목실과 병원에 대한 고마움이 정말 크다. 원목실과 병원이 아니었으면 내가 어떻게 외국에서 의료봉사에 참여할 수 있겠는가 이런 생각이 든다.

Serim
세림병원
방글라데시 세림병원(다카, 세림클리닉) 의료봉사
Serim hospital in Bangladesh (Dhaka, Serim Clinic) Medical Services
2016.2.26 ~ 3.2
DR. ABUSAYED S

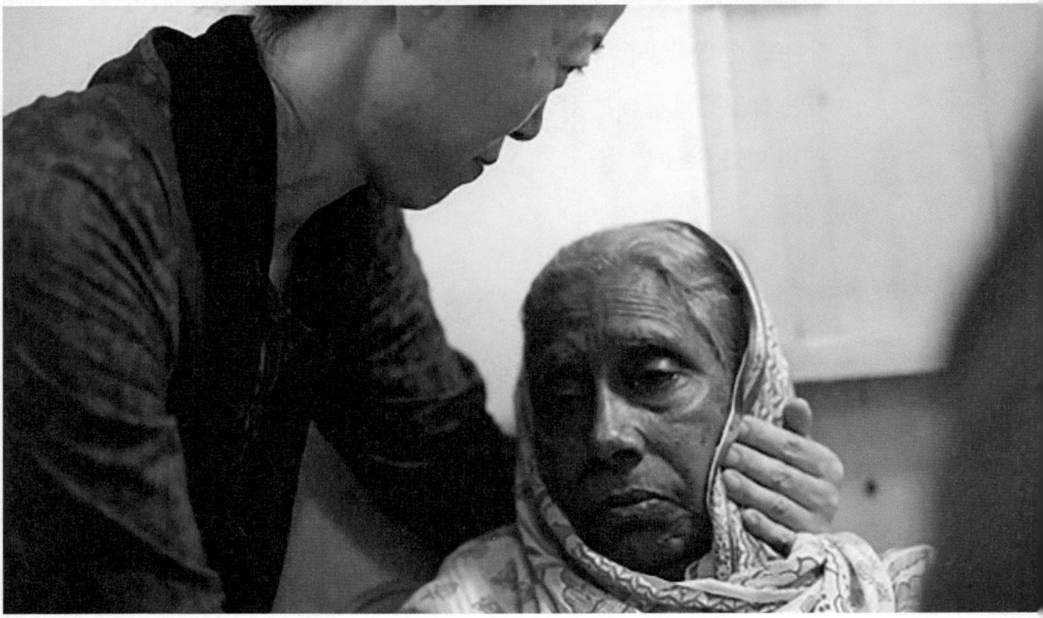

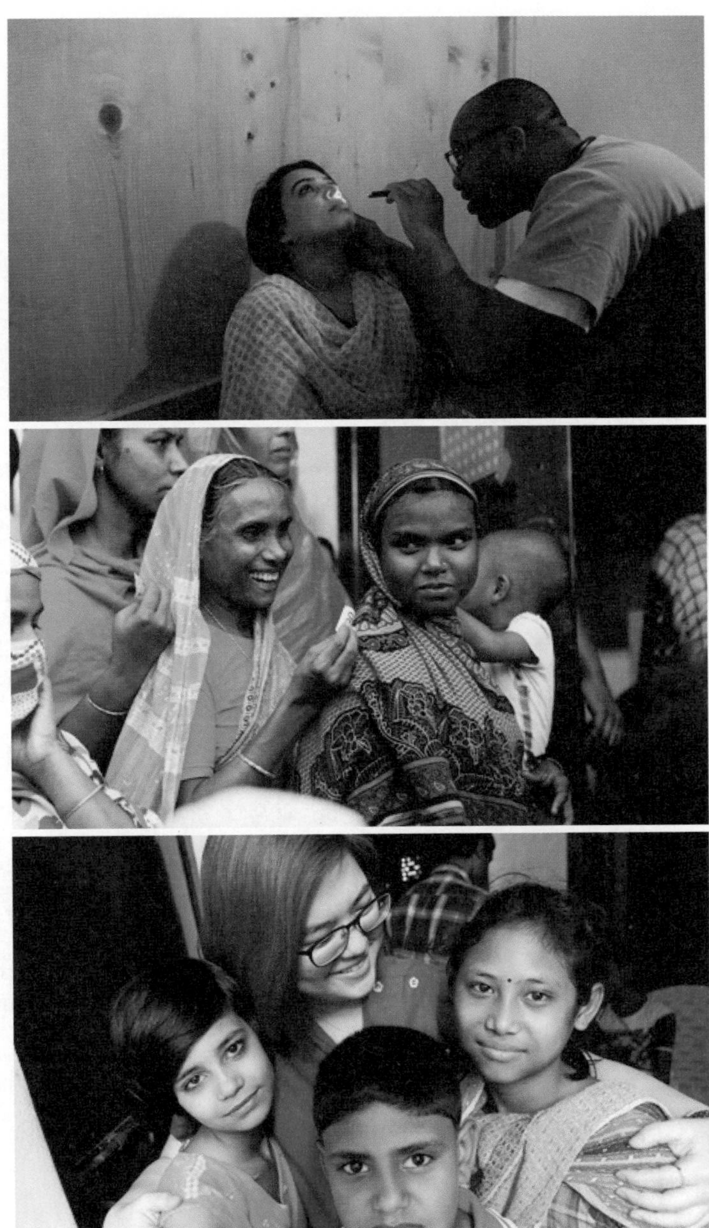

"난 사실 동전으로 해외 병원이 세워지고 자립시켜 갈 수 있을까, 의구심이 있었는데 내가 직접 그 기적의 현장에서 환자를 보고 말은 통하지 않지만, 현지병원 직원들과 함께 일하면서 신기루와 같았던 것을 실제로 보고 듣고 함께 했다는 것이 아직도 실감이 나지 않는다. 이번 의료봉사를 통해서 동전을 바라보는 시각이 바뀌었다. 동전을 보면 다카 병원이 생각나고 네팔로 이어질 다음 병원이 나의 작은 동전들로 세워지길 바라는 꿈이 생기기 시작했다. 앞으로 동전 모으기를 허투루 생각하지 않고 기적을 만드는 일에 전심을 다 할 수 있길 기도해 본다."

이번 방글라데시에서는 한규황 과장님과 함께 봉사했는데 특별히 몇 해 전 몽골에서의 봉사 추억도 있고 그때 고생을 워낙 심하게 해서 더 기억에 많이 남는다. 이번 봉사는 다른 나라에 갔을 때보다는 짧은 시간이었지만 팀원들과 스태프들의 호흡이 척척 맞았고 매끄럽게 진행이 되었다. 가끔 주변의 아이들을 보며 사진도 찍었는데 아이들이 정말 예쁘고 순수한 것 같다. 함께 할 수 있어 매우 감사한 마음뿐이다."(이경찬)

그런데 감동적인 개원과 의료봉사를 다녀오고 난 후 병원의 운영은 상당 기간 순조롭지 않았다. 가장 큰 원인은 방글라데시 선교부에 의료인이 없는 것이었다. 비의료인들이 병원을 운영한다는 게 얼마나 어려운 일인지 절실히 느끼고 또 느껴야 했다.

그렇게 몇 달을 헤매고 있을 때 방글라데시에서 놀라운 희소식이 들려왔다. 방글라데시에 능통한 베테랑 간호사 선교사가 우리병원에 지원해 왔다는 것이었다. 천군만마처럼 반갑지 않을 수 있겠는가?

우리는 그 J선교사를 급히 불러 만났다. 얼마나 준비된 헌신적인 분이었는지 선교를 위해 결혼도 포기하신 분이었다. 방글라데시에 오래 거주해 언어도 문제없고 후원금도 확보되어있어 무보수로 봉사하겠다는 것이다. 마치 하나님께서 우리 방글라데시병원을 위해 맞춤으로 준비해 놓으신 일꾼으로 느껴졌다. 우리가 얼마나 기쁘고 감사한 마음이었는지는 더 말할 필요가 없을 것이다.

J선교사가 우리병원을 맡으면서부터 방글라데시 세림병원은 비로소 정상적으로 운영되며 병원의 모습을 갖춰가기 시작했다. 얼마

나 정확하고 열정적이었는지 진료하는 환자 숫자도 점점 늘어갔고 우리가 이듬해 의료봉사를 갔을 땐 더 이상 바랄 게 없을 정도였다.

지역에서의 인지도와 평판도 상당해, 비교적 많은 단원을 꾸려갔고 현지병원 의료진과 직원들도 총동원되어 함께 어울려 봉사를 펼쳤지만, 감당이 안 될 정도로 구름 인파가 몰렸다. 정말 꿈만 같았다. J선교사의 열정과 전문성을 여실히 보여주고 있어 기쁘기도 했고 '이젠 됐구나' 안심되었다.

"2009년 처음 몽골 의료봉사를 시작으로 2013년 미얀마, 이번 방글라데시 의료봉사가 나에겐 세 번째이다. 방글라데시 공항을 나오는 순간 복잡하고 교통질서라고는 찾아볼 수 없는 다카 시내를 접하게 되었다. 그래도 최소한 몽골과 미얀마엔 교통질서는 있지 않았던가? 이곳 방글라데시에서는 먼저 차 머리를 내미는 쪽이 먼저고, 신호등과 횡단보도는 찾아볼 수 없었다.

여독을 풀기도 전에 아침 9시부터 진료를 시작하자마자 몰려드는 환자를 정신없이 맞았다. 약을 조제 하다가 작은 수술이라도 생기면 수술을 도와야 하는 상황이었고, 수술이 끝나면 다시 다음 수술을 위해 기구와 소독을 준비해야 했다. 사실 큰 수술은 아니지만 워낙 형편이 어려운 지역 주민들이 한국 의사가 온다는 소식에 일년 동안 손가락에 난 혹을, 귀 뒤에 난 혹을 그냥 가지고 있었다고 한다.

사실 한국에서는 병원에 가는 게 쉬운 일이지만 이곳에서는 일년 동안 기다리고 있었다니 이곳 방글라데시의 형편을 알 수 있었다. 둘째 날은 첫날보다 3배나 많은 사람들이 모이는 바람에 병원 옆 마당까지 환자들이 꽉 차는 일이 벌어졌다. 또한 선교센타 아이들이 병원 문 앞에서 지키며 질서를 맡았는데 건장한 어른들까지도 그 어린아이들 권위에 순종했다.

둘째 날 진료가 늦게 끝나서 나는 사용한 수술용 기구를 정리하느라 늦게까지 병원에 남았다. 그런데 다카 세림병원을 담당하시는 간호사 선교사님이 같이 남아서 청소했는데 그때야 비로소 병원이 보이기 시작했다. 작년에 동전으로 세워진 다카 세림병원! 작지만 기본적인 의료 기구들이 있어 제법 병원다운 모습을 갖추고 있었다. '어머 이게 정말 되는구나'라는 생각이 들면서 '해외 병원 동전 모으기가 기적이 되어 여기에 존재하는구나!' 그제야 눈이 열리기 시작했다.

난 사실 동전으로 해외 병원이 세워지고 자립시켜 갈 수 있을까, 의구심이 있었는데 내가 직접 그 기적의 현장에서 환자를 보고 말은 통하지 않지만, 현지병원 직원들과 함께 일하면서 신기루와 같았던 것을 실제로 보고 듣고 했다는 것이 아직도 실감이 나지 않는다. 이번 의료봉사를 통해서 동전을 바라보는 시각이 바뀌었다.

동전을 보면 다카 병원이 생각나고 네팔로 이어질 다음 병원이 나의 작은 동전들로 세워지길 바라는 꿈이 생기기 시작했다. 앞으로 동전 모으기를 허투루 생각하지 않고 기적을 만드는 일에 전심을 다 할 수 있길 기도해 본다."(김미애)

"해외 의료봉사가 처음이라서 설레는 마음과 두려운 마음으로 짐을 싸며 간절히 기도했다. 2박3일 봉사를 위해 오로지 가는데 하루, 돌아오는데 하루, 소비한 시간이 아까웠다. 가까운 거리는 아니었다. 너무 많은 사람들이 끊임없이 모여들었고 서로가 꼭 진료를 보겠다고 아우성이었다. 진료 일정이 짧아 아쉬움이 많았다.

방글라데시 세림병원은 규모는 작지만 알찬 곳이라는 생각이 들었다. J선교사님은 이젠 자립해야 하는데, 하면서 안타까워했지만, 여건상 그곳 경제 상태가 너무도 빈곤하여 자립하기는 힘들 것으로 여겨졌다. 때때로 일이 버거워 투덜거리고 힘들다고 짜증 내고 살아온 것들에 대한 많은 뉘우침이 몰려든다."(김영란)

"세계에서 제일 가난한 나라의 행복지수가 1위라는 아이러니와 새로운 땅을 밟게 하시는 기대로 10여 시간을 날아갔다. 90%가 무슬림, 자원이라고는 찾아볼 수 없는 나라, 눈에 띄는 것은 쓰레기 더미와 오염된 수질, 먼지투성이에 쓰러져가는 집들과 거리에 떠도는 어마어마한 사람들. 조선에 선교사들이 들어왔을 때 이런 심정이었을까? 착잡한 마음에 잠시 멍해진다. 나는 '방글라데시'보다 '방글'이라고 부르기로 했다. 방글방글 웃으라고^^

16명 대원들과 함께한 5박6일의 의료봉사가 어느 때보다 하루하루 무척이나 바쁘게 돌아가서 약국밖에는 몰랐다. 밖에서는 몰려든 방글인들이 폭동에 가까운 난리였다는데, 쿵! 하는 소리에도 문짝 부수나보다 했다. 첫 의료봉사 몽골에서 몽골인들의 돌격으로 문짝 부서지는 난동을 경험했기에, 그러나보다 했고 약국은 돌

아가야 하니까^^ 이번 의료봉사에서 섬김의 아름다움과 연합의 아름다움을 보게 되었다."(김태연)

"5박 6일의 짧은 일정이었지만 큰 감동의 시간이었다. 새벽종 알람은 이슬람인들이 울리는 아침 아잔(기도) 소리다. 이른 아침부터 진료를 받기 위해 병원을 찾는 많은 환자들은 미리 나누어진 번호표를 들고 차례를 기다렸다. 둘째 날은 환자가 너무 많아서(400명) 병원 입구 문을 일찍 닫고 진료해야 했다. 의료봉사 팀은 16명이며 연령대도 10대부터 60대까지이고 한국에서 하는 일도 다양했다. 하지만 모두가 하나가 되어 너무도 아름답게 봉사하는 모습은 멋진 오케스트라의 연주같이 감동적이었다.

다카에 계신 선교사님들의 통역과 함께 더운 날씨에 많은 환자들로 힘들어도 모두들 감사하고 함께 웃으며 행복해했다. 이것이 나눔의 기쁨인 듯했다. '이 병원은 대한민국 부평세림병원교회 무료병동을 꿈꾸는 선교센타에서 동전을 모아 세운 두 번째 병원입니다."라는 현판이 다카 세림병원 입구에 새겨져 있었다. 천사동기의 아름다운 사랑이 흘러~흘러 여기 방글라데시 다카까지 온 것이었다."(정보배)

"그 어느 때보다 많은 인원 특히 병원 외부에서 함께 봉사에 참여하신 분들이 많았던 의료봉사였다. 아시아에 의료봉사 네트워크를 구축하려는 미국 의사 윌리암, 캄보디아에 병원 설립을 준비 중이신 장로님, 네팔에 세 번째 세림클리닉이 세워지면 가셔서 봉사하실 선교사님 가정, 현지에서 간호사로 다카 세림클리닉 운영을 책임지고 있는 선교사님, 동전 모으기에 동참하시다 동행하신 분들… 모두가 다른 환경 다른 처지에서 봉사에 참여했지만, 의료봉사라는 같은 목표 아래 조화와 협력을 이룬 뜻깊은 시간이었다.

긴 비행시간과 3시간의 시차 속에서 피곤하게 맞이한 진료 첫날, 예상보다 많은 환자들이 모여들었다. 작년에 작은 수술을 받은 분들이 있어 올해는 좀 더 많은 분들이 몸의 양성 종양을 제거해 달라고 왔다. 수술실에서 장비를 모두 갖추고 하는 수술이 아니기에 첫날 4 case, 다음날 8 case의 수술이 무척 벅차게 느껴졌다.

이번에 가지고 간 물리치료기, TPI 주사, 개원 시 구비 해놓은 초음파, X-ray의 사용 또 그 나라에 없는 파스 사용 등 진료의 질을 높이려 노력했으며, 단기간에 더 많은 환자를 보려고 애쓴 모두의 정성으로 정말 많은 분들을 큰 무리 없이 진료할 수 있었던 것 같다.

손과 팔에 큰 혹을 달고도 제거하지 못하고 살아 온 분들, 남편에게 맞아서 팔이 부러졌다가 틀어져서 붙어 튀어나왔다고 불편을 호소하는 14세의 어린 부인, 제거하지 않아 얼굴까지 심하게 퍼진 물사마귀(전염성 연속종), 처음 진단된 폐결핵 환자, 액와부 임파선에서 고름이 나오는 결핵이 의심되는 환자 등, 많은 환자들 중에서 아직까지 기억에 남는 환자들, 아직도 그들의 힘들어하는 얼굴들이 생생하다.

비록 짧은 일정의 봉사 기간이었지만 이 봉사를 통하여 다카 세림 클리닉이 이 지역의 힘들고 어려운 분들에게 따뜻하고 사랑이 넘치는 일차 의료 기관으로 자리잡고 더 나아가 가난으로 상처받

은 그들의 육체와 영혼을 위로할 수 있는 안식처와 같은 진료소가 되기를 꿈꾸며 기도한다."(한규황)

"다카 공항에 도착해 다카 세림클리닉으로 가는 길은 곡예 그 자체였다. 가로등, 차선, 신호등, 횡단보도는 사치인 듯 비포장도로에 사람, 차, 인력거가 뒤엉켜 달린다, 먼지가 시야를 가리고 경적과 급회전을 수시로 한다. 이곳에서 평생 사고 없이 사는 것은 불가능해 보였다.

센터 의료봉사 현장에서 만난 사람들은 대부분 평생 한 번도 병원에 가 보지도, 혈압 한 번 재본 적도 없었다. 병원 가려면 그들의 한 달 치 월급 이상의 돈이 든다고 한다. 선하고 순한 사람도 있었지만 거친 사람들도 많았다. 목소리가 크고 말도 빠르다. 속에 있는 답답함을 쏟아내듯 말하는 사람들. 오랜 식민지 생활과 정부에 대한 불신, 배신감 때문일까? 계속되는 가난과 고통에 악이 바쳐 거칠고 억세게 변해버린 듯해 안타깝다.

모래 먼지로 인한 결막염, 호흡기 감염, 비염, 천식, 더러운 물로 인한 피부염, 위생 관념의 부재, 손으로 먹는 습관으로 인한 장염, 맵고 기름진 음식으로 인한 위식도 역류질환, 위염, 고된 노동으로 인한 근육통, 관절염, 사고로 인한 장애 등. 너무나도 많은 환자들이 센터에 몰려들었다.

수 년 전 교통사고로 우측 정강이뼈 골절 후 수술을 받지 못해 정강이뼈 중간이 60도 이상 구부러져 'ㄱ'자로 되어버린 소녀, 수 년째 기침하다 이제야 결국 결핵 진단을 받은 환자, 수술이 필요한 피부 종양 환자들도 너무 많아 우리의 일정 동안 다 수술해 줄 수도 없을 정도여서 한규황 과장님께서는 쉴 틈 없이 일하시고 봉사 일정이 없었던 귀국하는 날 아침까지 약속을 잡고 수술을 해야 할 정도였다.

우리의 의료봉사에 대한 기억은 곧 잊혀질 것이다. 이들의 미래는 답이 안 보인다. 어떤 면에서도 희망이 안 보인다. 그들은 정말 하나님만이 구원이다. 언젠가 우리의 작은 병원을 통해 하나님이 그들을 위해 어떻게 일하셨는지를 고백할 수 있는 날이 올 수 있기를 기도한다."(황예원)

6장

더 빈민촌으로 이전한 엔젤스클리닉

대성황을 이룬 2년 차 의료봉사를 마친 후 병원이 좀 활기를 띠는 듯하더니 그 기운이 그리 오래가지 않고 병원은 다시 예전의 모습으로 돌아갔다. 두 가지 이유였다. 첫째는 한국 의료진이 아니고, 둘째는 무료가 아니기 때문이었다.

우리 봉사팀이 귀국한 후 선교부 본부와 병원의 스텝들이 머리를 맞대고 심각한 논의를 계속한다고 하더니 얼마 후 '아무래도 병원을 이전했으면 좋겠다.'라고 했다. 2년 넘게 최선을 다해봐도 전망이 보이지 않는다는 것이었다. 그리고 몇 달 후 이런 보고를 해왔다.

"다카 까말빠라 라자바리 지역에서 여러 가지 좋은 의료 혜택을 주려고 시도했으나, 지역 특성상 좋은 효과를 얻지 못했습니다. 주민들은 매년 오는 부평 세림병원의 무료 진료에만 관심이 있을 뿐, 다카 세림클리닉에는 이어지지 않아 아예 병원이 없는 더 가난한

병원을 유지하는 일은 살얼음판을 걷는 느낌이었다. 그래도 얼마나 감사한 일인가? 아무리 어려운 일이 많아도, 문을 닫지 않을 수만 있다면, 못할 일이 어디 있겠는가? 우리는 문을 닫지 않는다는 사실 하나만으로도 그 어떤 고생과 수고도 각오가 되어 있었다.

지역으로 옮기기로 결정했습니다. 그리고 발품을 팔아서 그런 지역을 찾아냈습니다. 저와 직원들은 하나님께서 인도해주신 곳이라고 믿습니다. 부평 세림병원교회에서 7월 말 클리닉 이전을 허락하셔서 8월 초, 물색한 곳(가지뿔 쩨락알리 또 빠라 본말라 지역)에 가서 계약을 했습니다.

이전은 9월 17일 했으며, 24일 개원하기까지 1주일 동안 세팅하는 시간을 가졌습니다. 이제 환자가 조금씩 늘어가는 것을 보고 있고, 주민들의 호응과 응원하는 마음을 항상 듣고, 볼 수 있어 까말빠라 라자바리 지역에 있을 때보다 힘을 얻습니다. 주민들은 가까운 곳만이 아니라, 기찻길 뒤쪽과 큰 도로가 있는 곳까지 홍보하라고 권해 주었습니다.

무엇보다 환자가 늘어가는 것에 직원들은 신이 났습니다. 까말빠라에서 종일 환자 없이 앉아있었던 때와 비교하며, 요즘은 신난다고 말합니다. 까말빠라 주민들은 충분히 진료비를 낼 수 있는 형편임에도 무료진료에 길들여져 오히려 불평이 많았습니다. 그런데 이 지역 환자들은 멀리까지 교통비를 들여 치료와 검사를 받으러 다녔기 때문에 저희 클리닉이 저렴하게 봉사하는 것을 압니다. 이 마을에 작은 클리닉조차도 없었기에 기쁜 마음을 표현해 줍니다.

또한 건물주인은 마을 유지라서 마을의 중요 위치에 있는 이들에게 알리고 시간 날 때마다 클리닉의 이모저모를 구경시키고 있습니다. 이제 막 시작해서 저희가 낯설 수도 있는데, 꼭 한마디씩 표현해주는 그들이 고맙고, 미약하지만 이렇게 서로 마음이 통할 수 있는 곳에서 섬길 수 있게 하신 하나님께 감사드립니다. 계속

기도하며 응원해 주시기 바랍니다."

병원을 본말라로 이전한 후 우리는 새로운 환경에 적응하며 정착을 모색해야 했다. 수도에서 겨우 7km 벗어난 곳이어서 자동차로 불과 30분 거리였지만 환경과 여건은 매우 달랐다. 까말빠라는 변두리지만 그래도 수도였음을 실감했다.

그런데 철길 너머는 완전히 빈민촌인 본말라는 병원이 임대해 들어갈 만한 건물도 몇 개 없어서 1층을 구하지 못하고 3층을 얻어야 했고 지역에 3상 고압전기가 들어오지 않아 X-ray를 비롯한 의료장비를 돌릴 수 없어 고압선을 끌어오는데 많은 시간과 돈을 들여야 할 정도였다. 그래도 우리는 그런 곳이기에 사역하기엔 더 메리트(merit)가 있다고 여겼고 얼마 후 이런 비전을 전해왔다.

"저희는 지금 우리병원에 한국 의료선교사가 올 수 있도록 의료선교 네트워크를 통해 홍보중에 있으며 우리병원에 근무하는 의사의 수준을 향상시키기 위해 한국인 전문의를 초빙하여 이곳 의사들을 대상으로 교육을 계획중에 있습니다.

이번에 이 교육이 성공하면 다른 분야 전문의도 와서 교육하도록 구상 중입니다. 우선은 한국에서 공무원으로 30여 년 근무하고 정년퇴직한 의사를 초빙해서 1주에서 2주 정도 교육을 계획 중입니다. 또 이후 월 2회 무료 진료를 하여 주민들이 병원을 많이 활용하도록 하고 이때 보건교육도 함께 실시할 예정입니다.

그리고 진료비 본인 부담이 어려운 환자인 경우, 우리가 대처할 방법을 모색하고 있습니다. 지난 2년 동안의 다카 세림 클리닉의 지역 의료 봉사는 방글라데시 땅을 향한 하나님의 사랑을 재차 확인하는 시간이었습니다. 그 경험이 귀한 자산이 되어 앞으로 본말라에 사는 주민들과 주변 빈민가의 주민들을 효과적으로 도울 수 있을 것이라 기대됩니다."

방글라데시 세림병원이 새로운 곳으로 이전하고, 다시 자리를 잡기 위해 애쓰고 있다는 소식을 접한 지 얼마나 되었을까. 그야말로 청천벽력 같은 사건이 일어난 건 불과 몇 달이 지나지 않아서였다. 여기 기록할 수 없는 날벼락 같은 일이었다. 졸지에 우리병원의 운명이 끈 떨어진 연처럼 속수무책 갈피를 잡을 수 없는 신세가 되고 말았다.

수단과 방법을 다 동원해 이리 뛰고 저리 뛰어 봐도 길은 보이지 않고, 하루하루 그야말로 피가 마르는 느낌이었다. 당시 우리는 그러잖아도 힘든 상황이었다. 앞서 세운 미얀마 세림병원도 의사가 떠난 후 대책이 없어 문을 닫느니 마느니 하고 있었기 때문이다.

마음이 힘들고 어찌해야 할지 참으로 난감하기 이를 데 없을 때 버릇처럼 찾아가는 곳은 양화진 선교사 묘지와 절두산 순교 성지다. 우리 사역 선배님들의 혼이 어려 있는 묘역과 순교지를 거닐며 기도하고 새 힘을 얻어 마음을 다잡기 위해서인데, 그날도 그렇게 거닐고 있을 때였다. 방글라데시 우리병원에서 수습 협력 선교사로 뒤에서 돕고 있던 연세 높으신 장로님과 권사님 부부가 전화를 해오셨다. 이창열 장로님은 평생 군 장교로 근무하다 예편한 분이고 부인

이수자 권사님은 '간호 공무원'으로 60년대부터 평생 서울시 산하 병원에서 근무하다가 은퇴하신 분이었다.

두 분이 은퇴 후 협력 선교사로 지원해 겨우 2~3개월 전 방글라데시에 오셔서 우리병원에 계셨는데 내게 의향을 물어왔다. 사건이 터진 후 금식하며 많이 기도하셨다며, "어떻게 세워진 병원인데 이렇게 문을 닫을 수는 없지 않습니까? 우리에게 병원을 맡겨주시면 비록 이제 막 와서 아무것도 모르고 나이도 많지만, 목숨 걸고 지켜 보겠습니다."

그래도 우리만 있는 게 아니라 여러 기관이 관계되어 있고 특히 외교적 문제가 걸려 있기에 얼른 대답하지 못하고, "시간이 없지만 조금 더 신중히 기도해 보자."고 했다.

기도와 고민을 빨리 끝나게 한 건 비밀리에 삐뚤빼뚤 손글씨로 보내온 이수자 선교사님의 눈물 젖은 편지였다. 나는 그 편지를 읽으며, 얼마나 뜨거운 눈물을 흘려야 했는지 모른다. 죽으면 죽으리라는 각오가 되어있다는 내용이었다.

현지 선교부 대표 L선교사에게 어떻게 생각하는지 물었다. 그는 입장이 매우 곤란한데 우리가 결정하면 최대한 방법을 찾아 보겠노라, 나중에 자기가 문책당하더라도 감당하겠다고 했다. 모두, 우리보다 더 어려운 결정을 단호히 내려주었고, '그래 가자. 문제는 하나님께 맡기자. 우리도 목숨을 걸자.' 다짐하고 결정했다.

병원을 유지하는 일은 살얼음판을 걷는 느낌이었다. 그래도 얼마나 감사한 일인가? 아무리 어려운 일이 많아도, 문을 닫지 않을 수만 있다면, 못할 일이 어디 있겠는가? 우리는 문을 닫지 않는다는 사실

각 가정을 방문해서 그들의 실생활을 눈으로 보니 그들의 아픔과 고통을 더욱더 잘 알 수 있게 되었다. 이곳 빈민촌 사람들은 보편적으로 너무 덥고 못 먹고 살기 때문에 어지럽고 기운이 없다는 사람이 많고 임산부들과 어린이들이 많은데 줄 게 없어서 안타까웠다.

하나만으로도 그 어떤 고생과 수고도 각오가 되어 있었다.

방향을 정하자마자 장로님과 권사님은 직원들을 새로 채용하고 적극적으로 환자를 찾아 나섰다. 먼저 철길 너머 빈민촌을 가가호호 방문해 실태조사 하기 시작했다. 우리의 도움이 필요한 환자를 만나면 무엇이든 있는 것을 털어 나누었다.

"열악한 환경과 예기치 못한 일들이 일어나는 곳이지만 세림병원 사역은 계속되고 있습니다. 3월부터 가정방문을 하여 지역 실태조사와 건강조사, 진료, 보건교육을 실시하고 있습니다. 현장에서 병원 치료가 필요한 환자는 병원에 오게 하여 약품과 검사를 무료로 해주고 우리 병원에서 안 되는 환자는 큰 병원으로 보내서 치료받게 해주고 있습니다.

4월 초에는 방글라데시 NGO국에서 현장 조사를 나와, 우리 단체가 비상 상황이라 긴장했지만, 다행히 잘 넘어갔습니다. 지난번 방문 간 집에는 중환자가 3명인데 본인(여자)은 눈이 안 보이고, 딸 2명은 심장병이고, 남편은 작년에 사망해서 먹고살기가 막막해 울고 있어서 전문 병원에 보내 검사를 해서 국립병원으로 보내주었습니다.

우리가 각 가정을 방문해서 그들의 실생활을 눈으로 보니 그들의 아픔과 고통을 더욱더 잘 알 수 있게 되었는데, 이곳 빈민촌 사람들은 보편적으로 너무 덥고 못 먹고 살기 때문에 어지럽고 기운이 없다는 사람이 많고 임산부들과 어린이들이 많은데 줄 게 없어서 안타까웠습니다.

그동안 한국에서 가지고 온 약품, 사탕, 악세사리, 영양제 등을 사용하고 있었는데 이제 떨어졌습니다. 치료약은 제가 와서 50만원 정도 구입했는데, 또 30만원이 넘게 구입해야 하는 실정입니다. 또 의사 처방 없이 사용할 수 있는 신신파스, 피부병약, 비타민이 더 필요합니다. 혈압계, 체온계, 유린스틱은 지금 사용하고 있는데 한 벌 더 필요합니다.

앞으로는 현지인 간호사를 채용하여 함께 가정방문을 다닐 예정입니다. 간호사 면접은 약속되어 있습니다. 이를 위해 기도해 주시기 바랍니다. 3월, 4월, 현재까지 130가정을 방문 조사하였고, 3월 환자 진료 건수는 70명입니다."

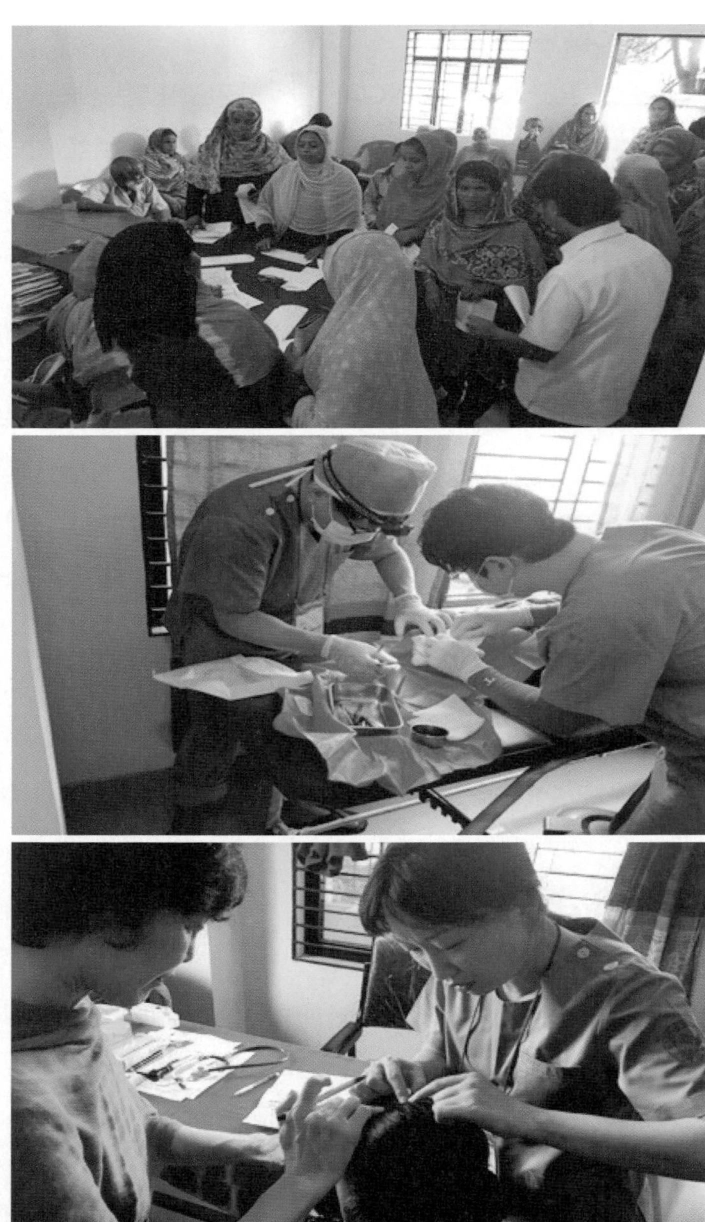

방글라데시 세림병원은 설립 5년째를 맞으며 소속도, 중심 사역도 다 바꾸고 '엔젤스클리닉'으로 간판까지 바꾸어 달고 재개원했다.

우리에게 2017년은 매우 분주한 해였다. '미얀마 세림병원'이 결국 문을 닫고 말아서 사역을 이어갈 새로운 곳을 물색해야 했고 장소를 네피도로 정하고 답사 겸 의료봉사를 다녀오는 일만도 보통 일이 아닌데, 가을엔 세 번째로 '네팔 세림보건의료 지원센터'를 설립하고 오지 '마루팍'까지 의료봉사를 다녀와야 했기에 정신이 하나도 없는 지경이었으나 방글라데시 세림병원에 응원이 필요했다. 연세 높으신 장로님 부부만 남았으니 어찌 미룰 수 있겠는가 말이다.

시간이 여름밖에 없었다. 그러잖아도 더운 나라인데 걱정은 되었으나 어쩔 수 없었다. 규모는 여러 가지 상황을 고려해 작은 인원으로 꾸렸다. 말려도 소용없는 분들 네 명이 의기투합했다. 역대 가장 소규모였지만 대신 가장 베테랑들이었다. 고생이 아주 많았다. 지금도 고생이라면 몽골 의료봉사가 회자 되지만 이 방글라데시 3년 차 의료봉사도 결코 그에 뒤지지 않을 것이다.

> "다카 세림병원의 존재가 불안정한 가운데 의료봉사를 하게 되어 처음에는 불안한 마음이 들었습니다. 그런 중 기도하는데 평안과 담대함을 주셔서 직원들에게 준비를 적극적으로 하도록 지시하고 우리 부부는 새벽마다 밤마다 기도했습니다. 이곳은 언제, 어디서 무슨 일이 일어날지 모르는 곳입니다. 우기여서 하루에도 두세 번씩 폭우가 쏟아져 금방 물바다를 이루고 교통 또한 아주 혼잡합니다. 기도밖에 할 수 없어 간절히 기도했습니다.
>
> 우리의 하나님은 역시 우리의 기도를 들어주셨습니다. 안전 · 일기 · 교통 · 인원동원 · 건강 · 질서 · 통역자들, 모두 하나님께서 친히

주관하시어 수월하고 질서 있게 이뤄주셨습니다. 모든 것이 부족함 없이 그 어느 때보다도 감사한 의료선교였고, 하나님의 은혜임을 다시 한 번 느낍니다.

의료봉사 뒤에 어떤 환자는 우리가 준 연고 상자를 가져와서 더 살 수 없느냐고 묻는 자도 있었고 환자가 끊이지 않고 오는 것을 보니 홍보도 많이 되고, 인식도 좋아진 걸 느낍니다. 앞으로 더 많은 영혼을 품으며, 아파하는 이를 치료하는 다카 세림병원이 되도록 최선을 다하겠습니다. 세림병원 선생님들 수고 많이 하셨습니다. 쉴 사이도 없이 일만 하다가 가셔서 죄송하며 참 아쉽습니다. 더불어 잘 섬겨드리지 못해서 미안한 마음 금치 못하겠습니다.

지금 방글라데시는 우리가 의료봉사하는 동안 곳곳에 폭우가 쏟아져서 수해로 1,400명이 죽고 10만 명의 수재민이 발생하여 어려움을 겪고 있습니다. 우리 선교사님 한 분은 SOS를 받고 수해 지역에 가 보았는데 어린아이의 시체 여러 구가 뉘어져 있는 것을 보았다며 울었습니다. 그런 와중에도 우리는 안전하게 진료를 잘 할 수 있도록 하나님이 도우셨음을 고백합니다. 할렐루야!"(이창열 · 이수자)

"기나긴 우기 동안 참 많은 비가 내렸습니다. 국지성 호우와 같은 비가 내리면 거주지 도로가 금방 불어난 물에 잠겨 릭샤도 CNG도 자동차도 다니기가 쉽지 않습니다. 그런데 참 감사하게도 우리 지역에는 비가 내리지도 않고 정전도 되지 않았습니다. 하나님이 오신 사역팀과 다카 세림클리닉을 사랑하시고 본말라 지역에서 자리

잡고 계속 귀하게 열매 맺어가기를 바라신다는 사실을 알았습니다.

사역기간 동안 후덥지근한 날씨로 많은 땀을 흘리시는 모습을 보면서 처음 이곳에 왔을 때가 생각이 났습니다. 저도 더위에 적응하는 데 오랜 시간이 필요했는데 빡빡한 스케줄의 강행군을 묵묵히 감당하시며 더위를 참아내며 끝까지 미소를 잃지 않으시고 한 번도 본 적 없는, 어쩌면 생각해 본 적도 없는 사람들을 섬기러 오신 분들의 모습이 얼마나 귀하고 감사했는지 모릅니다.

열악한 환경에서 수술을 진행하셨던 모습도, 오래도록 그를 아프게 했던, 자신의 힘과 노력으로 해결할 수 없었던 그 문제를 해결 받고 돌아가는 모습도 제게 오래 기억에 남을 것 같습니다. 그리스도의 사랑으로 그들 한 사람 한 사람을 섬기고 그들에게 조금이라도 더 도움을 주기 원하시는 모습에서 이 가난하고 척박한 땅의 영혼들을 사랑하시는 마음이 제게도 전해졌습니다.

선임 선교사님들이 계셨다면 조금 더 잘 모셨을 텐데 제가 아직 서툴러 죄송한 마음뿐입니다. 저는 처음 동참해본 의료사역이라 짧은 기간 그렇게 많은 사람이 올 줄 몰랐습니다. 접수하지 못하고 돌아간 사람들까지 하면 정말 너무나 많은 사람들이 다카 세림병원을 찾아왔습니다. 바라기는 이들의 육신의 아픔만이 아니라 영혼의 아픔까지 치유될 그날을 바라보며 우리에게 허락하신 귀한 사역을 잘 감당해가기를 원합니다.

병원 옆 철길을 넘어 위치한 빈민가 사람들을 찾아가고 그들에게 다가가려고 노력하시는 장로님 내외분의 열정이 때가 되면 열매로 나타날 걸 믿습니다. 외국인에 의한 전도와 개종을 허락하지 않기 때문에 사역이 쉽지 않습니다. 또 저희단체가 표적이 되어 있는 상황이라 우리의 힘만으로 되지 않을 것입니다. 사단이 이 귀한 사역이 열매 맺어 가는 것을 기뻐하지 않을 걸 압니다. 이 땅의 영혼들을 기억하고 사랑으로 품고 지속적으로 기도해 주실 때 하나님의 놀라운 일들이 이 땅에 가득히 이루어질 줄 믿습니다."(유장수)

2018년 3월 기쁜 보고를 받았다.

"요즘 이곳은 갑자기 여름이 온 것 같습니다. 한낮 기온이 35도를 넘나들고 있습니다. 저희 부부는 천사동기 여러분의 중보기도와 후원을 힘입어 사역을 잘 감당하고 있습니다. 금년 1월부터 지금까지 의료사역은 연인원 350명을 치료해 주었으며 그중에 특별히 시골교회 현지인 목사님 딸이 팔이 골절되어 돈이 없어 수술받지 못하여 불구가 된 것을 치료해 주었습니다.

또한 배에 지방종이 커지고 있으나 마찬가지로 돈이 없어 방치하고 있는 청년과, 팔목이 골절된 45세 여성을 큰 병원에 의뢰하여 수술치료를 해주었습니다. 치료되어 그들의 표정에 다시 행복과 감사가 흘러넘칠 때 얼마나 흐뭇하고 가슴이 뜨거워졌는지 모릅니다.

지난 2월 14~19일까지는 서울시 보건 의료팀 10명이 우리 병원에 단기선교 와서 296명의 환자를 섬겨주었습니다. 이런 사역들을 통해서 주님의 역사가 이루어질 줄 믿고 있습니다. 복음 전도를 직접적으로 하지는 못하지만 이렇게 뿌린 씨앗으로 훗날 열릴 성령의 열매를 기대하며 기도합니다."(이창열 · 이수자)

빈민촌 순회가 계속되던 어느 날 우리에게 매우 기쁘고 의미 있는 소식이 날아들었다.

"3개월 전부터 저희가 섬겨온 '칼레다'라는 30세 임산부인데 4번째 임신을 하였지만 너무나 가난해서 병원에 갈 형편이 못 되었습니다. 그래서 우리병원에서 산전 관리 해주고 검사를 비롯하여 영양제 공급과 한국병원(꼬람똘라)에 데려가 우리가 못하는 검사도 해주었습니다.

그리고 드디어 어제 (6월8일) 딸을 순산했습니다. 방문하여 산모 건강도 체크해 주고, 아기 배꼽도 치료해 주고 위로금도 전달하고 왔습니다. 그런데 며칠 후 다시 찾아갔더니 아기 이름을 우리병원 이름을 따서 '세림(SERIM)'이라 지었다고 합니다. 얼마나 감사하고

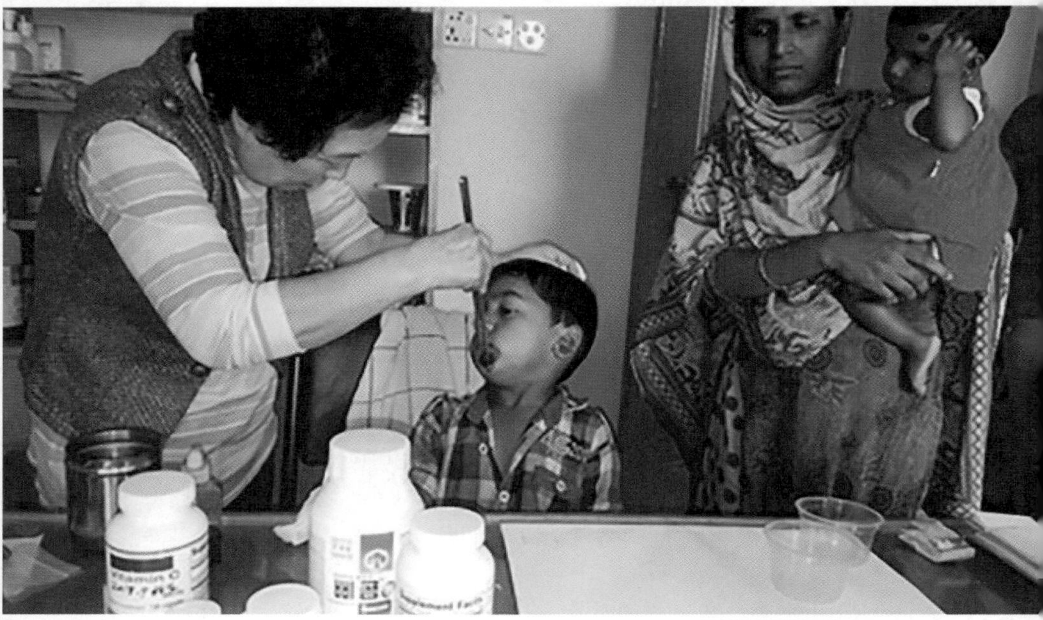

빈민촌을 방문하면서 병원은 사역의 중심이 바뀌게 되었다. 나이 어린 임산부와 아기들의 상황이 너무나 안타깝고 위험에 노출돼 있었기 때문이었다.

기쁜지 축복기도 해주고 돌아왔습니다. 방은 굴속같이 어둡고 앉을 수가 없어서 아기 목욕을 준비해 갔음에도 할 수가 없었습니다. 침대 하나에 여섯 식구가 자고 그곳에서 취사도 하는 형편입니다. 아직도 마음이 매우 아픕니다.

빈민촌을 방문하면서 우리병원은 사역의 중심이 바뀌게 되었다. 나이 어린 임산부와 아기들의 상황이 너무나 안타깝고 위험에 노출돼 있었기 때문이었다. 그런데 2019년 초 병원의 이름을 바꾸지 않을 수 없는 초유의 상황이 초래되었다. 그 이유는 여기에 밝힐 수 없지만 우리는 오히려 병원의 새 출발에 맞추어진 일로 받아들였다. '세림'이라는 이름을 더 이상 쓸 수 없게 되었다는 게 못내 아쉬웠지만 사역을 계속하는 게 더 중요했기에 마음을 달래야 했다.

방글라데시에서 새 이름을 제안해 왔다. 바뀐 우리 선교센터 이름을 따서 '엔젤스클리닉'으로 하면 어떻겠냐는 의견이었다. 얼마 전 우리는 선교센터의 이름을 바꾸며 이렇게 공고했다.

"'무료병동을 꿈꾸는 선교센터'가 '천사동기 선교센터'로 다시 태어났습니다."

1983년부터 불우한 환우를 돌보는 일이 점점 자라 2001년 '무료병동을 꿈꾸는 선교센터'가 태어났고 그 사역이 점점 더 자라 '천사동기 선교센터'로 재탄생했습니다.

그동안 별명으로 불러오던 '〈천〉원의 〈사〉랑과 〈동〉전의 〈기〉적' 앞 글자만 땄더니 〈천사동기〉가 되었습니다.

새 이름은 다시 봐도 우리의 사역을 기막히게 함축하고 있습니다.

〈천원의 사랑사역〉

환우 중에는 질병의 문제보다 빈곤으로 더 고통받는 이들이 많습니다. 우리는 1,000원씩 모아 이들을 돕고 있습니다. 우리가 그 고통을 다 덜어줄 수는 없지만 그 옛날 보리떡 다섯 개와 물고기 두 마리를 드렸던 어린아이처럼 1,000원이 아니라, 그 사랑으로 작은 위로와 새 힘을 주는 천사동기(천사와 같은 친구) 들이 될 수는 있습니다.

〈동전의 기적사역〉

엄마와 둘이 살던 한 어린아이가 치료받을 길 없는 엄마를 치료해 준 게 고마워 제 주먹만 한 돼지저금통에 모아 가져온 동전을 차마 깨서 쓸 수 없어 모으기 시작한 동전이 10년 후 미얀마 세림병원을 세우게 됩니다. 동전의 기적이 아닐 수 없습니다.

우리는 이 기적을 계속 이어가기 위해 동전과 특별후원금을 모아 국내·외 의료봉사와 해외 자선병원을 설립 운영하는 일을 계속하고 있습니다. 이 동전의 기적에 함께해 천사동기(천사와 같은 친구)들이 될 수 있습니다. 새 이름과 함께 우리의 마음도 다시 태어날 것입니다. 우리 모두 이제부턴 천사동기(천사와 같은 친구)들입니다.

방글라데시 세림병원은 설립 5년째를 맞으며 소속도, 중심 사역도 다 바꾸고 '엔젤스 클리닉'으로 간판까지 바꾸어 달고 재개원했다.

7장

모자보건 사역으로 활로를 열다

의료진을 새로 채용하며 사역의 새 틀을 짜기 시작한 선교사님은 낙후된 방글라데시 특히 빈민 지역 특성에 따라 '모자 보건'에 포커스(focus)를 맞췄다. 60년대 우리나라 상황과 똑같다며 자신이 이 일에는 베테랑이니 하나님께서 우리를 이렇게 쓰시려고 여기 보내신 것 같다고 했다.

우리 선교사님들은 빈민가를 구석구석 방문하며 모자보건 대상자들을 찾아 60년대 서울에서 했던 대로 전공을 잘 살림으로 병원은 금세 특성화되어 활기를 찾았고 병원 환자들 뿐 아니라 돌보는 임산부와 영유아들이 점점 늘어가며, 우리를 만나지 못했으면 살기 어려웠을 산모들과 어린 생명들이 많아져 그만큼 기쁨과 보람도 점점 커져 가면서 사역에 힘을 얻었다.

모자보건 사역 중심 병원으로의 전환은 하나님의 섭리와 은혜였다.

2019년 9월 소식을 보자.

의료진을 새로 채용하며 사역의 새 틀을 짜기 시작한 선교사님은 낙후된 방글라데시 특히 빈민 지역 특성에 따라 '모자 보건'에 포커스(focus)를 맞췄다. 60년대 우리나라 상황과 똑같다며 자신이 이 일에는 베테랑이니 하나님께서 우리를 이렇게 쓰시려고 여기 보내신 것 같다고 했다.

“방글라데시 엔젤스클리닉에서 우리 천사동기분들께 소식을 전합니다. 지난 3월 우리 병원이 이전 개원을 하며 저희가 중점을 두고 있는 보건의료지원과 모자보건사역을 위해 동분서주하며 열심히 달려 왔습니다. 지난 6개월을 돌아보니 참 많은 일들이 있었고 방글라데시의 끔찍한 더위도 잊게 할 만큼 바삐 지나간 것 같네요. 그동안의 일들이 주마등처럼 지나갑니다.

가장 먼저 이 아이가 떠올랐습니다. 저희가 항상 안타까워했던 것이 시작은 작은 병이었지만 경제적인 문제로 병원에 갈 엄두도 못 내고, 약 한 알조차 먹지 못해 결국 손쓸 수 없을 지경에 이르는 것인데, 이 아이가 그랬습니다.

첫눈에 보아도 너무 상태가 좋지 않고 기침이 멈추질 않았습니다. 어찌 된 일인지 사정을 살피니 아이가 감기에 걸렸으나 약을 살 돈이 없어서 폐렴에 이르는 지경까지 된 것입니다. 다행히도 더 늦기 전에 저희를 만나 천사동기 여러분의 사랑으로 모아주신 후원금을 지원하여 큰 병원으로 이송 후 치료해 줄 수 있었습니다.

아이의 엄마가 저를 부여잡고 연신 감사하다고 말을 하며 울고, 아이는 기침 한 번 없이 방긋방긋 웃으며 제게 안기니 우리 모두의 사랑이 이 아이를 살려낸 것 같아 너무 감사하고 기쁠 따름입니다.

이 아이와 함께했던 일을 추억하니 모리옴이란 여자아이가 또 떠오릅니다. 이 아이를 위해 참으로 많은 눈물을 흘리며 간절한 기도를 했습니다. 모리옴이 저희에게 찾아왔으나 저희가 감당할 수 있는 병이 아닌 것 같아 큰 병원으로 데리고 가서 진료받았더니, 심장판막수술을 해야 할지 모른다는 것이었습니다.

경제적인 문제는 뒤로하고 이제 막 태어난 아이가 감당하기엔 너무나 벅찬 병이었습니다. 산모도 저도 그 소식을 접하고는 서로 부둥켜안고 그냥 하염없이 눈물만 주르륵 흘렸습니다. 우리가 할 수 있는 게 없었고 그저 하나님의 도우심을 바랄 뿐이었습니다.

매일 같이 기도하며 한 달이 넘어 진료일이 찾아왔습니다. 모리옴의 심장에 더 이상 좋지 않은 진전이 없길 소망하며 검사를 했습니다. 이것저것 검사를 하며 아이의 울음소리를 들으니 마음이 찢어지는 것 같았습니다. 의사 선생님이 검사 결과를 보시고 의아해하는 표정을 지으실 때 '무슨 안 좋은 얘기를 하시려나' 마음이 조마조마했습니다. 그런데 하시는 말씀이 깨끗이 치료되었다고 하시는 것입니다.

순간 너무 짜릿했습니다. '하나님께서 우리의 기도를 들어주시는구나, 우리 천사동기의 기도에 응답해 주셨구나.'라는 마음이 들었습니다. 7월에 모리옴을 위해 한국에 중보기도 요청을 했는데, 한 달 만에 놀라운 기적을 체험한 것입니다. 결국 또 눈물을 흘리게 되었습니다. 그런데 이전과는 다른 감사와 기쁨의 눈물이었습니다.

이렇게 저희는 때론 안타까워, 속상해서 울며, 때론 '여호와 라파'의 치료의 은혜에 감사하며 기뻐하며 그렇게 이곳에서 자리 잡아가고 있습니다. 그리고 중점사역 중 하나인 모자보건사역도 주위에 알려지며 찾는 이들이 많아지고 있습니다. 이제는 저희가 돌보는 산모와 아이들이 제법 늘어나 임산부는 35명이고, 아이는 23명까지 되었습니다.

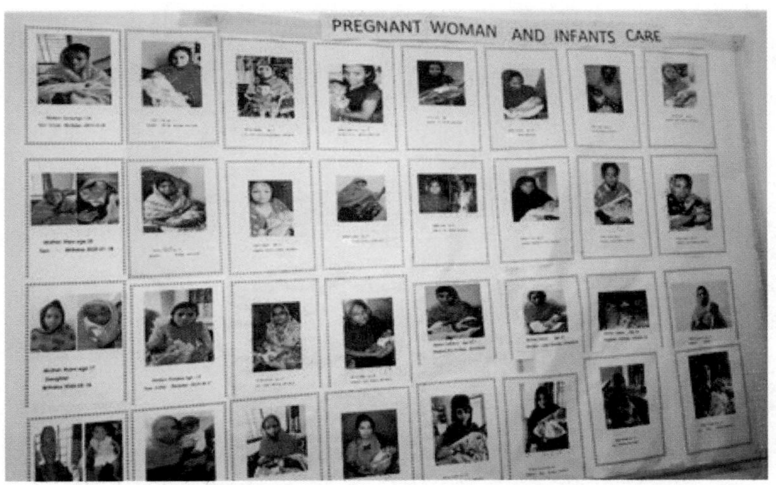

매일 모자보건사역 현황판을 바라보며 기도합니다. '하나님! 저희가 더 감당해야 할 일이 많아지길 원합니다. 지경이 넓어지고 동행하는 천사동기들이 더 많아져서 저 어렵고 힘든 산모와 아이들이 저희에게로 와 건강하게 고귀한 생명을 지킬 수 있게 도와주세요!'

지금의 저희 사정으로는 이들을 돕는 일이 만만하지는 않습니다. 그러나 태중의 아이를 지키고자 하는 산모의 간절함, 엄마 품속에서 고개를 들며 쳐다보는 갓난아이들의 맑고 영롱한 그 눈빛을 떠올리면 지금의 고단함과 어려움은 뒤로하게 되더라고요.

저는 매일 저 모자보건사역 현황판을 바라보며 기도합니다. '하나님! 저희가 더 감당해야 할 일이 많아지길 원합니다. 지경이 넓어지고 동행하는 천사동기들이 더 많아져서 저 어렵고 힘든 산모와 아이들이 저희에게로 와 건강하게 고귀한 생명을 지킬 수 있게 도와주세요!'

물론 저희는 모자보건사역만 하는 게 아닙니다. 다른 여러 아픈 이웃들도 함께 돌보고 있습니다. 많은 이들이 저희를 통해 치료받았는데, 현지 목사님의 8세 자녀인 빠일이 생각나네요. 오토바이를 타다가 넘어져 팔이 골절되었지만, 병원에 갈 돈이 없어서 방치하다가 결국 팔에 장애가 생겼습니다. 아이의 비틀어진 팔을 보니 너무 마음이 아파 저희가 지원하여 수술했습니다.

수술은 무사히 잘 마칠 수 있었고 팔은 정상으로 돌아왔지만, 문제는 손가락이 마비되어 움직이지 않는 것이었습니다. 정말 너무 많이 속상했습니다. 저희가 할 수 있는 건 기도였습니다. 그래서 이번에도 하나님께 또 매달렸습니다. '하나님! 이 아이 좀 고쳐주세요!' 매일 하나님께 매달리고 또 매달렸습니다. 그러고 얼마 지나지 않아 이 아이의 아빠인 목사님께서 기쁨에 찬 목소리로 전화해 왔습니다. 지금은 팔과 손가락이 잘 움직인다는 소식이었습니다. 순간 '이제 되었다'라는 생각에 몸과 마음의 긴장이 한순간에 풀렸습니다. 모든 것이 하나님의 은혜임을 또 고백합니다.

이렇게 저희는 하나님의 동행하심을 매일 같이 체험하며 은혜 가운데 사역하고 있습니다. 우리 병원에는 많은 어린아이들이 찾아옵니다. 천진난만하고 너무 귀여운 아이들이지만 그 눈빛 속에는 항상 어두운 그늘이 있습니다. 이 아이들의 눈빛을 보고 어찌 외면할 수 있겠습니까? 그 눈빛 속에 그늘이 왜 드리워졌는지 알겠는데, 아이들의 웃음 뒤에 있는 슬픔이 느껴지는데, 이들에게 희망을 주고 더 사랑하고 싶습니다.

'너와 네 가족을 사랑하는 이들이 많이 있다. 우리 천사동기의 사랑, 그리고 이런 사랑을 가능하게 하는 더 큰 주님의 사랑이 있다. 그 사랑을 받고 힘내서 이 세상 함께 걸어가자!'

저희 엔젤스클리닉 혼자만으로 이 사랑을 전할 수 없고, 이 기적을 일궈낼 수 없습니다. 함께 하는 이들의 도움의 손길이 필요합니다. 저희만의 열 걸음이 아닌 우리 모두의 한 걸음이 되었으면 합니다. 여기 방글라데시의 어려운 이웃들이 여러분에게 도움의 손길을 내밀고 있습니다. 부디 여러분이 이 손길을 꼭 잡아주시는 천사가 되어 기적을 선물해 주시기 바랍니다."

그런 날이 몇 달이나 지났을까. 코로나라는 전대미문의 회오리바람이 전 세계에 몰아쳤다. 그 위력은 참으로 대단했고 병원은 이 펜데믹의 최전선에서 사투를 벌여야 했다. 전쟁도 이런 전쟁이 없었고 국내외 우리 사역도 진행하던 많은 일들이 중단되고 말았다. 국내 3개 병원(세림병원, 여주병원, 해남병원) 사역도 예배를 비롯한 많은 사역을 할 수 없게 되었고, 해외 3개 병원(미얀마, 방글라데시, 네팔) 사역들도 치명타를 입고 어찌할 바를 몰라 막막한 상황에 처하고 말았다.

나는 국내외 모든 사역자들에게 '우리가 코로나 때문에 할 수 없는 일도 있지만, 코로나 때문에 분명 할 수 있는 일도 있을 터이니, 그걸 찾아 적극적으로 발 벗고 나서서 오히려 전화위복을 만들자' 독려했고 고맙게도 모두 한마음 한뜻이 되어 주었다.

국내병원 사역자들은 코로나로 일손이 부족해진 현장에 뛰어들어 물불을 가리지 않고 닥치는 대로 달라붙어 지친 직원들을 격려하며 함께 땀 흘려 코로나 이전보다 더 열심히 일했고, 해외 각 사역지도 코로나로 더 많아진 고통당하는 이들을 찾아가 음식과 의약품을 나누며 그들의 손을 잡아줌으로, 오히려 사역의 지경을 넓혀 오랫동안 접근하지 못하던 곳들에 발을 들이는 전화위복의 은혜를 실감할 수 있었다. 이것은 코로나로 가장 먼저 우리가 받은 복이었다.

2020년 5월 방글라데시 소식

'문안'이라는 인사가 요즘같이 절실히 다가오는 때가 최근에 또 있었나 싶네요. 모두가 코로나로 인해서 힘든 나날들을 보내고 있지만, 그래도 실망과 좌절, 불평이 아닌 하나님의 은혜를 구하며 하나님을 찾을 수 있음에 도리어 감사함을 느낍니다.

코로나가 터진 후 지난 반년을 되돌아보았습니다. 그간 있었던 일들이 주마등처럼 스쳐 지나가는데 그만 눈물이 핑~ 하고 돕니다. '혼자서 주책이네. 왜 눈물이 날까?' 하며 눈물을 훔치고 있는데 순간 이런 생각이 듭니다. 하나님께서 '그간 많이 힘들고 아팠지? 내가 다 안다. 너희가 저 불쌍한 이들과 함께 뒹굴며 웃고 울고 했던 지난 시간들 정말 고생 많았다. 너희가 이곳에 있어서 정말 다행이구나!'라 하시는 음성을 느낄 수 있었습니다.

저희가 찾아가고 저희를 찾아오는 이들이 참 많이 아파했습니다. 질병으로 인해 몸이 아팠고, 가난으로 인해 삶이 아팠습니다. 이들의 아픔을 어떻게든 덜어보고자 물불 가리지 않고 뛰어다녔습니다. 남들은 한국에서 손주들 재롱을 보며 노년의 평안을 누릴 때, 저희는 하나님께서 주시는 사명에 순종하며 '그의 나라'를 회복해가는 것이 더 즐거워 여기 방글라데시에서 있는 힘껏 사역하였습니다.

그런데 저희가 품는 산모와 환자가 늘어갈수록 저희 몸에 아픈 곳이 하나, 둘 늘어갔습니다. 그래도 참고 견디며 또 달렸습니다. '조금만 더 젊었더라면'하는 아쉬운 마음이 생길 무렵 대상포진과 탈장이란 병이 저희를 찾아왔습니다. 너무 아프고 힘들어 이젠 돌아가야 할 때인가 싶었습니다.

그런데 저희에게 주어진 이들을 고쳐주신 하나님께서 이번엔 그 '여호와 라파'의 손길을 저희에게 내밀어주셨습니다. 너무 아팠고 지쳐 쓰러져 다 포기할 뻔했지만, 그 순간 저희에게 내밀어주신 그 치료의 손길을 붙잡고 다시 일어설 수 있었습니다.

크게 아프고 나니 우리 이웃들의 아픔이 더 마음으로 다가와 더 애통한 심정으로 사역하게 되어 도리어 감사하게 되었습니다. 그렇게 하루하루를 지내다 보니 우리의 사역이 서서히 자리를 잡아가고 지경이 점점 넓혀져 가고 있습니다.

특히 감사한 것은, 저희의 중점사역 중 하나인 모자보건사역이 지역사회의 중심으로 뿌리를 잘 내리고 있다는 것입니다. 개원했을 때는 여기저기 전단지를 나눠주기도 하고, 가정방문을 하여 우리가 돌봐야 할 산모와 아이를 찾아다녔는데, 이제는 저희 사역이 알려져서 소문을 듣고 찾아오는 이들이 제법 많아졌습니다. 그렇게 지속적으로 돌봐야 하는 산모와 아이들이 이제는 70명이 넘게 되었습니다. 저희 식구들이 참 많이 늘었지요?

식구가 느니 살림살이도 이전과 비교할 수 없을 정도로 커졌습니다. 다 천사동기 여러분이 함께 해주셔서 감당할 수 있었습니다. 너무 감사드립니다. 여러분의 정성과 섬김이 헛되지 않게 더 열심히 사역하겠습니다.

참! 반가운 소식을 하나 전합니다. 지난 9월의 일입니다. 저희가 돌보는 산모 중 하나가 위급한 상황에 처했습니다. 힘겹게 1.4kg의 미숙아를 출생하였는데, 출산 뒤에 상황이 매우 어려웠습니다.

저희는 이 둘을 꼭 살리고 싶었습니다. 그러나 할 수 있는 게 없었습니다. 그저 할 수 있는 것은 기도요, 바랄 것은 하나님의 은혜였습니다. 그래서 주위의 모든 사람들에게 이 둘을 위해 기도해 달라고 부탁했습니다. 저희도 물론 간절하게 눈물로써 하나님께 부르짖었습니다.

그렇게 기도가 쌓이자 하나님의 사랑과 은혜가 이 둘에게 내려지기 시작했습니다. 위험한 고비를 넘기고 조금씩 나아지기 시작하더니 이제 산모는 완전히 건강을 회복하였고, 놀랍게도 아이는 어느 아이보다 건강한 우량아가 되었습니다.

너무 귀엽지 않나요? 이 아이만 보면 지난 힘든 일은 잊어버리고 다시 힘을 내게 됩니다. 우리 천사동기 여러분의 사랑과 기도와 후원이 이렇게 이들의 생명을 살렸습니다. 우리 엔젤스클리닉을 통해 더 많은 귀한 역사가 일어나 하나님의 선하신 뜻이 이곳에서 이뤄지기를 소망합니다. 계속해서 관심 가져주시고, 저희 엔젤스클리닉, 그리고 함께하는 모두를 위해 기도해 주시기를 부탁드립니다.

아울러 지금 방글라데시에는 코로나19 검사소가 다카에 9개소, 기타 지역에 5개소가 있습니다. 하지만 검사 자체가 어려운 실정입니다. 현재 병원마다 열 증상을 호소하는 환자들이 넘치고 있지만, 의사들이 출근하지 않아 상담조차 이뤄지지 않고 있습니다. 그

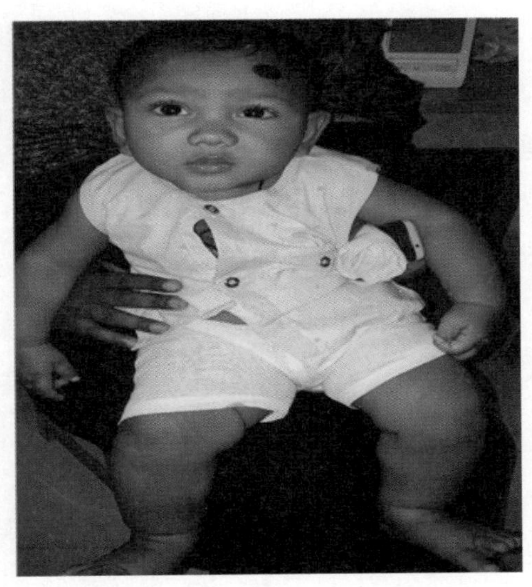

"이 아이만 보면 지난 힘든 일은 잊어버리고 다시 힘을 내게 됩니다. 우리 천사동기 여러분의 사랑과 기도와 후원이 이렇게 이들의 생명을 살렸습니다. 우리 엔젤스클리닉을 통해 더 많은 귀한 역사가 일어나 하나님의 선하신 뜻이 이곳에서 이뤄지기를 소망합니다."

래서 정부는 병원을 열지 않으면 병원허가를 취소하겠다고 하지만 의사들이 보호장비가 없어 환자들을 볼 수 없다고 항변하고 있습니다. 그러나 우리는 주님을 더욱 의지하며 그래도 할 수 있는 일, 해야만 하는 일을 찾고 있습니다. 함께 기도 부탁드립니다.

물론 그에 따른 지원금이 확 늘어 허덕였으나 모든 사역지들이 코로나 이전과는 비교할 수 없을 정도로 일취월장하는 전화위복의 계기가 되었을 뿐만 아니라 이런 와중에, 아프리카에 '네 번째 동전의 기적 사역'을 진행하고 있는 걸 보고 사람들이 '코로나로 대박인 곳은 여기밖에 없다.'라고 할 정도였으니 얼마나 감사한 일인가 말이다.

그런데 그런 기쁨 중에도 깊숙이 도사리고 있던 큰 걱정이 있었는데 그것은 방글라데시 선교사님들이었다. 80대 고령에 지병도 있으신데 방글라데시 빈민촌 현지의 열악한 환경 속에서 잘 견뎌 주실지 노심초사하지 않을 수 없었던 것이다.

다른 곳은 몰라도 방글라데시 선교사님들은 귀국하셨으면 좋겠는데 위기에 처한 병원도, 굶고 있는 임산부들과 영유아들을 그냥 놓고 올 수는 없다며 워낙 완강하셨고, 그러니 내게 빨리 후임자를 구해 보내달라 재촉하셨다. 여기저기 수소문해 봐도 이런 코로나 시국에 사람을 어떻게 찾는단 말인가?

현지에서도 후임자를 찾기가 쉬울 리 없었기에 귀국은 요원했고 노(老) 선교사님들의 지병은 점점 더 악화되는 게 피부로 느껴졌다. 만약 거기서 잘못되기라도 하시면 어떡하지? 그건 우리가 도저히 감당할 수 없는 일 아닌가? '감당 못 할 시험은 허락하지 않으실 걸 믿는 믿음'이 부족한 탓일까. 잠이 잘 오지 않았다.

그렇게 애타는 시간이 하루하루 지나 1년을 훌쩍 넘기고 있을 즈음 중국에서 추방당해 방글라데시로 사역지를 옮겨온 J선교사를 만난 노(老) 부부 선교사님은 그를 붙들고 통사정을 했고 J선교사가 후임을 맡겠다고 어려운 결정을 하자 그제서야 서둘러 귀국하실 수 있었다.

장로님과 권사님이 귀국했을 때 얼마나 긴장이 풀리던지, 감사가 절로 나왔다. 격리기간이 풀리자마자 건강 상태가 걱정이 된 우리는 빨리 모셔다가 종합검진부터 해봐야 했다. 역시 예상했던 대로 지병

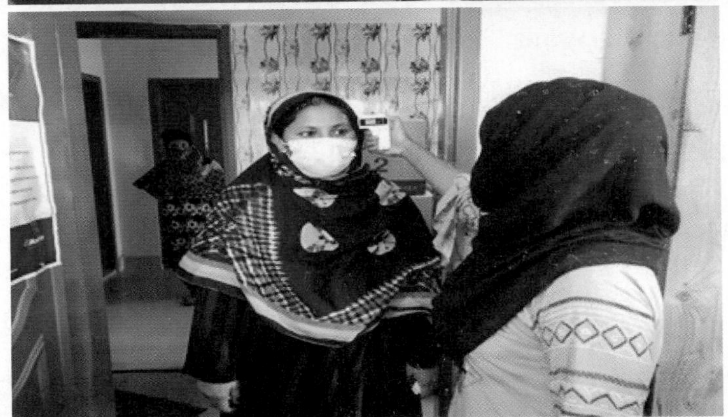

아프리카에 '네 번째 동전의 기적 사역'을 진행하고 있는 걸 보고 사람들이 '코로나로 대박인 곳은 여기밖에 없다.'라고 할 정도였으니 얼마나 감사한 일인가 말이다.

이 문제였다.

물론 장로님도 문제가 있었지만, 권사님 상태가 심각했다. 이어서 몇 차례 정밀검사를 거쳐 받은 진단 결과는 지병이 악화되어 파킨슨으로 진행되었다는 것이었다. 내 탓인 것 같아 안절부절못하는 내게 노(老) 부부 선교사님은 '그래도 이만하기가 얼마나 다행'이냐며 치료 잘 받으며 운동하면 좋아질 수 있으니 염려하지 말라고 오히려 위로하셨다. 그 연세에 그런 열정도 놀랍지만, 이 지경에도 이런 모습을 보이시는 인품과 신앙에 한없이 부끄러워진다.

방글라데시 병원을 새로 맡은 J선교사는 정말 믿을만한 친구다. 의료인도 아니고 경험도 없지만 얼마나 뜨거운 열정이 있는지 병원 운영도, 모자보건 사역도 잘 이어받아 감당했다.

2020년 8월부터 보내온 보고이다.

"방글라데시 전체 코로나 확진자 숫자가 어느새 30만 명을 넘었습니다. 그럼에도 불구하고 사회적 거리두기는 갈수록 느슨해져 가고 있습니다. 감사하게도 아직까지 저희가 돌보는 임산부와 가족들 중에는 코로나 확진자가 없습니다. 클리닉은 계속해서 소독과 마스크 착용, 열체크 등 방역관리에 힘쓰고 있습니다.

8월에는 총 14명의 새로운 임산부들이 등록했습니다. 엔젤스클리닉이 그동안 분유 공급과 구호 활동 등을 하면서 동네에서 좋은 소문이 많이 나서 동네 여성들이 모자 보건 프로그램 참여에 아주 적극적입니다. 좋은 소문과 더불어 이들과 복음의 소식도 함께 나누길 소망합니다.

8월에도 구호품 나눔 활동을 진행했습니다. 이번에는 클리닉에 처음 등록한 임산부들 중심으로 총 31명에게 마스크와 쌀(10kg), 식용유(2L) 등 식료품을 나누어주었습니다. 그리고 마스크 안에 성경 말씀을 적은 카드를 함께 넣으며 한국교회 성도들의 후원으로 사랑을 나누는 것이라 이야기해주었습니다.

9월부터는 주 6일 오전 근무로 전환하게 되었습니다. 다른 기관과의 형평성을 고려해 근무일을 늘리고 그 대신에 급여를 100% 주는 것으로 했습니다. 엔젤스클리닉 직원들 모두가 코로나로부터 안전하고 항상 건강할 수 있도록 기도 부탁드립니다.

어느새 10월입니다. 한국과 같지는 않지만, 방글라데시도 더위가 조금은 누그러진 듯합니다. 가끔 높아진 하늘을 보면 이제 이곳도 가을이 오고 있음을 느끼게 됩니다.

9월 한 달 동안 20명의 산모들이 새로 등록했습니다. 등록한 산모들 중에 건강한 아이를 출산한 산모도 있고, 안타깝게 조산으로 인해 세상을 떠난 아이들도 있었습니다.

벨리라는 산모는 쌍둥이를 임신했었는데, 갑자기 아이 머리가 나와서 병원에 갔는데 한 아이는 출산 후 바로 세상을 떠났고, 한 아이는 인큐베이터로 옮겨졌는데 너무 저체중이어서(1킬로 미만) 결국 몇 시간 만에 세상을 떠났습니다.

한 주가 지나고 벨리를 만났는데 열악한 환경 속에서 살고 있었습니다. 저에게 죽은 아이들의 사진을 보여주면서 눈물을 흘리는데 마음이 너무 안타까웠습니다. 위로의 기도를 해주고 나오면서

'행복한 출산 돕기'의 무거운 책임을 느끼게 되었습니다.

코로나로 도시가 셧다운된 기간에 출산한 사띠가 출산 후 5개월 만에 남편과 사라라는 이름의 아이를 데리고 찾아 왔습니다. 첫 방문이어서 체중을 체크해 보았는데 5킬로 정도 되었습니다. 표준 체중에 비해 적게 나가는 편이지만 건강했습니다. 사라가 사랑스럽고 건강하게 자라가길 기도하며 선물로 계란 한 판을 주었습니다. 사라는 다음 달부터 엔젤스 클리닉에서 제공하는 분유를 공급받게 됩니다.

클리닉 의료기기들이 요즘 말썽을 부리고 있습니다. 피검사를 하는 화학 분석기가 고장 나서 고치고 혈압측정기도 가끔 말썽을 부립니다. 사무실 프린터가 말을 안 들어서 환자에게 피검사 결과지를 인쇄해주지 못해 난처하기도 했습니다. 간단한 의료기기들도 여분이 없어서 하나가 고장 나면 대처할 방법이 없습니다. 그래서 의료기기와 사무기기를 추가로 구매해야 할 상황입니다. 필요한 재정이 잘 채워지도록 기도를 부탁드립니다.

모자보건 사역을 사람들에게 소개하면서 조금 제목이 딱딱한 것 같아 임시로 '행복한 출산 돕기'로 이름을 정했습니다. 더 좋은 이름이 있으면 카카오톡(ID: rez20)으로 문자 주세요. 채택된 분에게는 선물을 드리겠습니다. 항상 사랑으로 본말라 지역의 빛과 소금이 되는 엔젤스클리닉이 되길 소망합니다. 저와 클리닉 직원들을 코로나로부터 지켜주시고, 건강하게 잘 섬길 수 있도록 기도를 부탁드립니다.

이제 2020년도 두 달 남았습니다. 제가 엔젤스 클리닉을 맡게 된 지도 3개월이 지났습니다. 처음에는 낯설었던 산모들이 이제는 조금씩 친근해지고 있습니다.

지난달 타미나라는 산모로부터 양수가 터졌다고 전화가 왔습니다. 아직 예정일이 남은 것으로 알고 있었는데 무슨 문제가 생겼나 싶었습니다. 우리 클리닉에서는 해줄 수 있는 게 아니어서 인근 병원으로 빨리 가 보라고 했습니다. 다행히 큰 문제는 없었고 예정일보다 일찍 출산하게 되었습니다. 걱정되어 기도를 많이 했는데 산모도 아이도 모두 건강해서 감사했습니다.

이 일을 계기로 그동안 코로나 때문에 멈추었던 가정방문을 다시 시작하게 되었습니다. 가끔 몸이 아파도 병원에 가지 않고 집에서 끙끙대고 있는 임산부들이 있어서 결정하게 되었습니다. 여전히 코로나 확진자들이 매일 1,500여 명이 나오고 있지만 요즘 방글라데시는 사회적 거리두기가 의미가 없는 상황이어서 그냥 조심조심 다니고 있습니다.

특별히 아직도 초음파 검사를 받지 않은 산모들을 중심으로 가정방문을 해서 혈압체크와 간단한 문진으로 건강체크도 해주고, 아직 초음파 검사를 받지 않은 산모들은 검사를 꼭 받으라고 신신당부하며 검사를 받고 영수증을 클리닉으로 가져오면 저희가 검사비를 보조해주고 있습니다.

다행히 산모들 모두 건강하게 잘 지내고 있어서 감사했습니다. 가정방문을 하면서 느끼는 것은 그들이 우리의 섬김에 감사해하며 더 마음의 문을 연다는 것입니다. 사랑의 섬김을 통해 그들이 좀 더 주님께 가까이 나아오기를 기도해봅니다.

10월에는 총 29명의 환자가 우리 클리닉을 다녀갔습니다. 새로 5명의 임산부가 등록했고, 총 32가정이 '행복한 출산 돕기'를 통해 케어받고 있습니다. 최근에 등록한 샤르민은 남편이 아내가 3명이라고 합니다. 문제는 임신했는데 남편이 전혀 돌보지 않고 있다는 것입니다. 집에 가 보니 쌀도 없고 빈 그릇만 쌓여 있었습니다. 일단 먹을거리를 좀 사주고 아직 초음파 검사도 하지 않고 있어서 이웃집 아가씨에게 병원에 데리고 가서 초음파 검사를 받고 오라고 했습니다.

검사 결과 다행히 아이는 건강했습니다. 그나저나 아이가 태어나도 걱정입니다. 아이가 행복한 가정에서 태어나야 하는데 지금 상황으로 봐서는 그것이 쉽지 않아 보입니다. 그래서 건강의 문제뿐만 아니라 행복한 가정을 이루는 것에 대해서도 같이 배우고 이야기를 나누면 좋겠다는 생각입니다. 아직은 코로나 때문에 세미나 같은 것을 열기가 어렵지만 어느 정도 상황이 좋아지면 가정 세미나도 준비해보려고 합니다.

엔젤스클리닉이 방글라데시에서 행복하고 건강한 가정을 세우는 일에 힘이 되길 소망합니다. 이것을 위해 기도를 부탁드립니다. 아울러 겨울이 다가오고 있는데 코로나로부터 저희 부부와 직원들 모두가 안전하고 건강할 수 있도록 기도를 부탁드립니다.

11월 현재 35명의 임산부가 '행복한 출산 돕기'의 혜택을 받고 있으며 4명의 새 생명이 태어났습니다. 그 중 로지나라는 여성의 아기가 체중이 많이 미달이어서 인큐베이터에 있다가 나왔는데 현재는 상태가 좋아졌지만 여전히 체중이 많이 모자라서 각별한 주

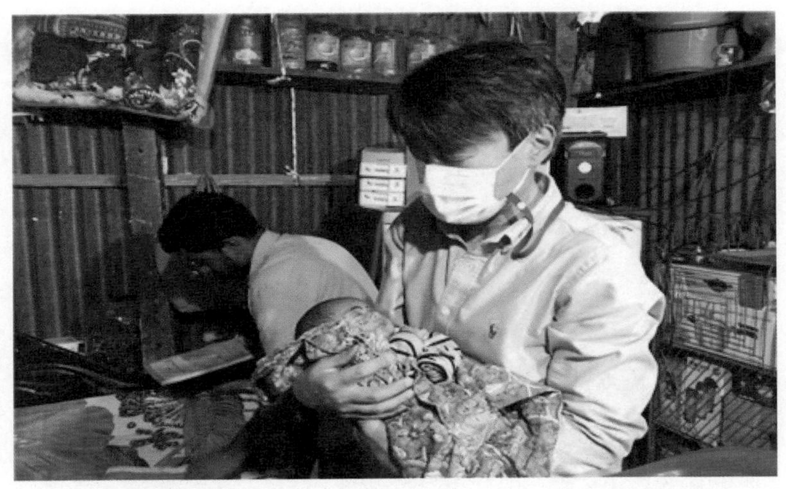

방글라데시 병원을 새로 맡은 J선교사는 정말 믿을만한 친구다. 의료인도 아니고 경험도 없지만 얼마나 뜨거운 열정이 있는지 병원 운영도, 모자보건 사역도 잘 이어받아 감당했다.

의가 필요한 상황입니다. 또한 날씨가 많이 추워져서 감기 환자들이 늘고 있습니다.

이제 갓 태어난 아이들은 더욱 추위에 약한 상황입니다. 그래서 아기 부모들에게 담요를 나누어 주고 있습니다. 아기들이 따뜻하게 겨울을 보내고 건강하게 자라기를 기도해 주세요.

아울러 대부분의 아기들이 표준 체중보다 1킬로씩 모자랍니다. 그래서 아기들이 다소 왜소합니다. 어떻게 도우면 좋을까 고민하다가 처음 6개월 모유를 먹이는 기간에 엄마들의 영양을 돕는 'Happy Food Bag'을 준비하기로 했습니다. 엄마가 건강해야 아기들이 건강할 수 있기 때문입니다. 'Happy Food Bag'에 쌀과 계란, 그리고 채소와 과일 등을 담아 매월 공급하려고 합니다. 시

처음 6개월 모유를 먹이는 기간에 산모들의 영양을 돕는 'Happy Food Bag.'Happy Food Bag'에는 쌀과 계란, 그리고 채소와 과일 등을 담아 매월 공급했다.

범적으로 현재 출산한 9명에게 실시를 해보고 좋은 결과를 얻으면 지속적으로 실시할 예정입니다.

요즘 꿈꾸는 비전은 세림병원에 세림병원교회가 있듯이 엔젤스클리닉에 엔젤스클리닉교회가 세워지는 것입니다. 엔지오(NGO)라는 특성상 클리닉 안에 교회를 세울 수는 없습니다. 하지만 우리가 섬기는 지역에 현지인 사역자가 와서 교회를 세울 수 있도록 돕고 협력하는 것은 가능합니다. 엔젤스클리닉을 통해 영혼을 구원하고 회복시키는 귀한 교회가 세워질 수 있도록 기도해 주세요. 그리고 이를 위해 현지인 사역자가 필요합니다. 클리닉 사역에 협력하면서 교회를 개척할 수 있는 현지인 사역자를 만날 수 있도록 기도를 부탁드립니다.

1월 한 달 동안, 비자를 갱신하기 위해 한국에 잠시 머물렀습니다. 2주 간의 자가 격리를 마치고, 그동안 궁금했던 우리 부부의 건강 상태를 체크해 보기 위해 세림병원을 찾았습니다. 건강검진 결과 다행히 크게 이상이 없다고 해서 감사했습니다.

그리고 방글라데시로 다시 떠나기 이틀 전, 세림병원 별관에서 세림병원교회 장기창 담임목사님, 네팔, 카보베르데 선교사님들과 함께 즐거운 교제의 시간을 가졌습니다. 교제의 시간을 통해서 결코 우리가 혼자가 아님을 느낄 수 있는 시간이었습니다.

아울러 현지에 필요한 약품과 의료기기, 코로나 진단 키트를 지원받았습니다. 항상 현장의 필요를 잘 챙겨주셔서 감사드립니다. 특히 코로나 진단 키트는 현장에서 필요로 하는 곳이 많아서 좀 더 지원이 필요한 상황입니다.

저희가 한국에 머무는 동안에도 '행복한 출산 돕기'와 아기들을 위한 분유 공급은 현지인 스텝들을 통해 계속되었습니다. 현재 29명의 산모가 '행복한 출산 돕기' 지원을 받고 있으며, 9명의 아기들이 분유지원을 받고 있습니다. 그리고 새롭게 11명의 임산부가 지원받기를 대기하고 있습니다.

방글라데시로 복귀 한 주 전 클리닉 스텝으로부터 보이스톡이 왔습니다. 샤민이란 임산부가 출산일이 지났는데도 아이가 나올 기미가 없어서 급히 검사해보는 게 좋겠다는 것이었습니다. 그래서 빨리 검사를 해보라 하고 기다렸습니다. 며칠 후 검사 결과 아이는 이상이 없으며 제왕절개를 통해 아이를 꺼내야 하는데 수술비가 없어서 도움이 필요하다는 연락을 받았습니다.

샤민의 가정형편을 잘 알고 있던 터라 일단 사무실 운영비를 다 털어서 얼른 도와주라고 하고 또 소식을 기다렸는데 감사하게도 산모도 건강하고 아이도 아무 탈 없이 출산했다는 소식을 들었습니다.

방글라데시에 돌아와서 한국에서 기증받은 아기 옷 몇 벌을 챙겨서 제일 먼저 샤민 집에 방문했습니다. 항상 딱딱하게 굳은 표정이었는데, 처음으로 샤민의 웃는 모습을 보았습니다. 그런데 제가 샤민의 집을 방문하고 이틀 뒤, 샤민이 우리 사무실에 찾아왔습니다. 약을 살 돈이 필요하다는 것이었습니다. 간호사가 아직 약이 남아 있지 않냐고 물었더니 다 먹고 없다는 것이었습니다.

간호사가 약을 받아서 챙겨주었기 때문에 분명히 약이 아직 남아 있을 텐데 왜 없냐고 따져 물으니 10일 치 약을 3일 만에 다 먹었다는 것이었습니다. 기가 막혀서 간호사가 약 먹는 법을 설명해 주지 않았냐고 약을 한꺼번에 먹으면 큰일 난다고 말했더니, 잊어버렸답니다. 어쩐지 그래서 약을 먹고 나서 머리가 빙글빙글 돌고 그랬답니다. 이 이야기를 듣고 우리는 모두 할 말을 잃었습니다.

이번 일을 통해 다시금 우리가 돕는 여성들에 대한 보건교육의 필요성을 절감하게 되었습니다. 현재 클리닉 공간이 협소하여 여성들을 교육할 수 있는 장소가 없습니다. 그래서 여성들의 쉼터와 교육공간을 마련할 수 있는 좋은 장소를 놓고 기도하고 있습니다. 진료와 보건교육, 여성 쉼터 등을 운영할 수 있는 좋은 장소를 만날 수 있도록 기도를 부탁드립니다.

처음으로 엔젤스클리닉 스텝들과 식사의 자리를 가졌습니다. 오랜만에 통기 본말라 촌구석에서 다카 웃또라 시내로 나와 뷔페 레

처음으로 엔젤스클리닉 스텝들과 통기 본말라 촌구석에서 다카 웃또라 시내로 나와 뷔페 레스토랑에서 모임을 가졌다. 앞으로 엔젤스클리닉을 위해 더 열심히 일하자는 의미에서 자리를 마련했다.

스토랑에서 모임을 가졌습니다. 앞으로 엔젤스클리닉을 위해 더 열심히 일하자는 의미에서 자리를 마련했습니다. 병리사 슈크랄은 뷔페는 처음이라 어떻게 먹는지 몰라 한참을 구경하고 서 있어서 모두 웃음을 참을 수 없었습니다.

3월 현재 새로 등록한 임산부는 9명, 출산 후 영양 공급을 위한 Happy Food 지원 여성이 20명, 그리고 분유를 공급받고 있는 아기가 8명, 총 37가정을 돕고 있습니다. Happy Food 지원을 하게 되면서 재정지출이 조금 늘었지만 그래도 조금이나마 아기를 키우는 여성들에게 도움이 되었으면 합니다.

3월에는 휠체어를 지원 받게 되어 우리 지역에서 휠체어가 필요한 장애인들이 있는지 파악하고자 가정방문을 실시했습니다. 3명의 장애인을 만났는데 한 명은 현재 학교 다니는 소년이었고, 한

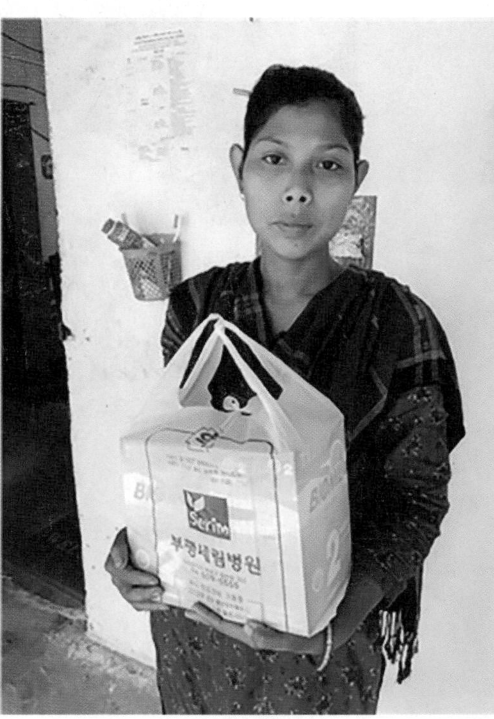

금전적인 문제로 또는 무지로 인해 자신의 병을 그냥 방치하고 있어 나중에 더 큰 돈을 들여 치료해야 하는 일들이 반복되는 것을 보면서 어떻게 하면 이런 문제를 해결할 수 있을까 고민하다가 건강검진센터를 구상하게 되었다.

명은 신체 성장이 제대로 이루어지지 않는 12살 여자아이였습니다. 처음에는 이 여자아이를 보고 5, 6세 정도 된 줄 알았는데 12살이라는 것을 알고 깜짝 놀랐습니다. 마지막 한 명은 치료의 시기를 놓쳐서 불구가 된 중년 남성이었습니다.

제가 클리닉을 하면서 항상 마음 아픈 것이 바로 이런 경우입니다. 제때 치료 받으면 정상적으로 생활을 할 수 있는데 가정형편이 어려워서 그 시기를 놓치다 보니 나중에는 치료가 불가능하거나 큰돈이 드는 경우가 많다는 것입니다. 이전에 눈을 다치고 나서 제때 수술을 받지 못해 한쪽 눈을 실명한 쓰리띠의 경우도 마찬가지였습니다.

이렇게 금전적인 문제로 또는 무지로 인해 자신의 병을 그냥 방치하고 있어 나중에 더 큰 돈을 들여 치료해야 하는 일들이 반복되는 것을 보면서 어떻게 하면 이런 문제를 해결할 수 있을까 고민하다가 건강검진센터를 구상하게 되었습니다.

방글라데시는 우리나라처럼 조기에 아픈 곳을 발견하는 건강검진이란 개념이 없습니다. 아파도 병원에 잘 가지 않는 상황에서 몸이 아프기 전에 미리 검사 받는다는 것이 현실적으로 어려운 일입니다.

그래서 단돈 10다카(한화 140원)만 내면 건강검진을 받을 수 있는 사랑의 건강검진센터를 구상하고 있습니다. 저희 클리닉이 비록 작지만 그래도 상담을 할 수 있는 의사, 혈액 검사를 할 수 있는 병리사와 장비, 초음파 검사 장비 등을 갖추고 있기 때문입니다.

하지만 아직 건강검진센터를 운영하기에는 어려운 문제들이 많

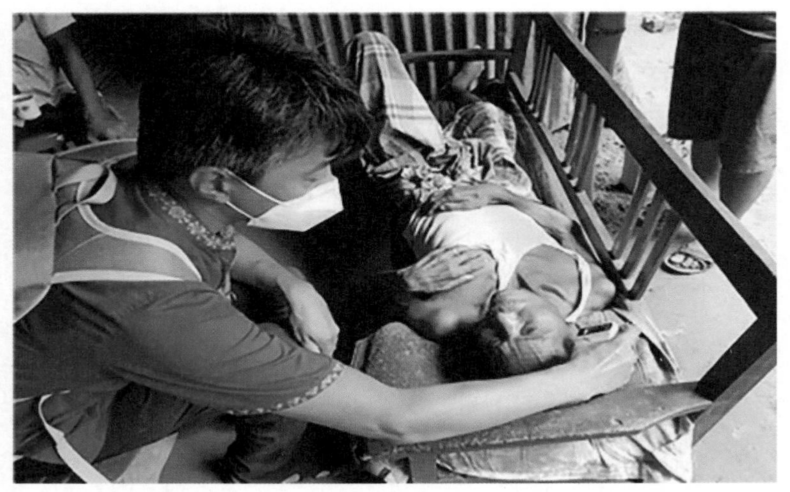

코로나 와중에도 할 일이 너무 많아 이리 뛰고 저리 뛰더니 아뿔싸 코로나바이러스에 감염된 J선교사가 긴급 기도요청을 해왔다. 조심한다고 했지만 방글라데시에서도 빈민가 상황이니 불가항력이었다.

이 있습니다. 우선 현재 장소가 너무 협소하고, 검진에 대한 기본적인 시스템과 전문 인력이 부족하며, 장비가 많이 노후화된 상태입니다. 만약 건강검진센터 구축이 이루어진다면 아프지만 돈이 없는 사람들이 편한 마음으로 와서 자신의 건강 상태를 확인하고 조기에 치료를 받을 수 있게 될 것입니다. 이를 위해서 함께 기도를 부탁드립니다.

코로나 와중에도 할 일이 너무 많아 이리 뛰고 저리 뛰더니 아뿔싸 코로나바이러스에 감염된 J선교사가 긴급 기도요청을 해왔다. 조심한다고 했지만 방글라데시에서도 빈민가 상황이니 불가항력이었다.

'이제는 말할 수 있다'가 되어 말이지만 우리병원이 코로나 전담병원이 된 후 병원의 직원들이 정말 고생이 많았다. 코로나로 고생하지 않은 사람이 없겠지만 코로나 전담병원의 직원들만큼 고생한 사람들은 없을 것이다. 코로나 환자들만 몰려오는 소굴이 되었으니 아무리 삼복더위에도 숨쉬기도 힘들게 머리끝부터 발끝까지 다 뒤집어쓰고 대비했지만 불가항력이었다.

땀범벅이 되어 뛰어다니는 직원들이 누군지도 알아볼 수 없었지만 미안하고 안쓰러워 얼굴을 쳐다볼 수 없었고 도와줄 수 있는 게 없어 안타깝기 그지없었다. 코로나 환자들만 만나지만 감염원이 되어선 안 되기에 검사를 일주일에도 몇 번씩 해야 해서 코가 멀쩡한 직원을 찾아볼 수가 없었다. 그야말로 코로나와의 전투 최전선에서 사투를 벌여야 했으니 직원들의 감염도 많았다.

감염돼도 진료는 마비시킬 수 없어 직원들을 이리저리 투입해 공백을 메우는 게 일상이었고 전쟁터가 따로 없었다. 우리 해외 사역지들도 같은 상황이었다. 모두 열악하기 그지없는 곳들 아닌가.

"이미 긴급 기도 제목을 보내드려서 알고 계시겠지만, 제가 코로나 양성 확진을 받고 6일간 병원에 입원해서 치료 받았습니다. 감사하게도 증상이 경미해 렘데시비르 치료가 끝나고 코로나 재검사를 한 결과 음성이 나와서 퇴원했습니다.

한 주 동안 집에서 자가격리를 하고 처방해준 항생제를 먹으며 몸 상태를 지켜보았습니다. 특별한 증세 없이 한 주를 보낸 후 자가격리를 해제하기 전에 다시 코로나 검사를 하면 좋겠다고 하셔서 오늘(7월 4일) 코로나 재검을 했는데, 양성이 나왔습니다. 어쩐지 음성이 너무 빨리 나왔다 싶었는데, 퇴원 전에 받은 음성이 위음성이었던 것 같습니다.

그래서 다시 자가격리를 하게 되었는데 위음성이었지만 그래도 음성을 받은 덕분에 퇴원해서 6월 말에 예정되어 있었던 목회자 교육을 잘 마칠 수 있었고 주님께서 다 계획하신 것이구나 생각이 들었습니다. 다음 주(7월 11일)에 다시 병원에 가서 혈액검사와 흉부 X-ray 검사를 받아보니 렘데시비르 약이 독해서 간 수치가 많이 올라갔다는데 정상으로 잘 회복되었으면 좋겠습니다.

방글라데시는 다시 코로나 확진자가 큰 폭으로 늘어나 7월 1일부터 엄격한 도시봉쇄가 다시 시작되었습니다. 그래서 엔젤스클리닉도 2주간 문을 열지 않기로 했습니다. 다만 아기들을 위한 분유 공급은 스텝들이 하루씩 출근해 계속할 예정입니다.

계속되는 도시봉쇄로 남편이 일용직인 가정들은 생계에 어려움이 많은 상황입니다. 그래서 상황을 보고 구호품이 필요한 가정들에는 구호품을 나누어주려고 합니다. 하루빨리 코로나 확진자가 줄고 도시봉쇄가 풀릴 수 있도록 기도를 부탁드립니다. 아울러 의사를 비롯한 4명의 스텝들 모두 코로나로부터 지켜주시고 건강할 수 있도록 기도를 부탁드립니다.

7월에는 무슬림들의 큰 명절인 고르반 이드(희생절)가 있었는데, 이때 고향으로 명절을 보내러 갔다가 아직 돌아오지 않은 가정들이 많습니다. 들리는 소식에 의하면 시골에서 코로나가 대유행이라고 합니다. 고향 집에 갔다가 코로나에 걸리면 집에서 끙끙 앓다가 나으면 다행이고 상태가 심각해지면 죽는 경우들이 대부분이라고 합니다. 부디 모두 코로나로부터 안전하고 건강하길 기도합니다.

샤민의 아기가 어느덧 6개월이 되어서 분유를 받으러 왔습니다. 아기 이름은 이샤입니다.

클리닉 재정 형편상 분유를 공급해주는 가정은 식료품 공급을 하지 않고 있는데 클리닉 스텝 중 한 명이 퇴근길에 샤민이 쓰레기 더미에서 먹을 것을 뒤지고 있는 것을 보았다는 이야기를 듣고 샤민에게만 특별히 분유와 함께 식료품을 계속해서 지원하고 있습니다. 남편으로부터 버림받고 쓰레기 더미를 뒤지며 생활하는 그녀에게 이 아기는 삶의 희망이고 기쁨입니다. 남편도 없고 일자리도 없지만 그래도 이렇게 아기를 예쁘게 잘 키우고 있습니다.

한국처럼 복지가 잘 되어 있지 않은 방글라데시에서는 이런 한부모 가정이 살아가기 쉽지 않습니다. 샤민이 희망을 붙들고 이샤와 함께 행복한 삶을 살아갈 수 있도록 많은 관심과 기도를 부탁드립니다.

드디어 워퍼밋을 받았습니다. 이제 정식으로 비자 신청을 할 수 있게 되었습니다. 그동안 비자를 갱신하기 위해 매년 한국을 오고 갔는데 이제는 현지에서 비자 갱신도 가능하게 되었습니다. 오랫동안 기도해왔는데 응답해주신 주님께 감사드립니다. 그리고 함께 기도해주신 천사동기 여러분들께 감사드립니다.

엔젤스 클리닉에서 돌보는 산모들과 아기들, 그리고 저희 가정과 클리닉 스텝의 안전과 건강을 위해서 기도를 부탁드리며 특별히 지난번에 소개해드렸던 묵따를 위해 기도해 주시기 바랍니다. 여전히 체중이 31kg이고 건강이 좋지 않은 상황인데 임신 중입니다. 산모도 걱정이고 태아도 걱정인데 주님께서 돌보셔서 건강하게 출산을 할 수 있도록 그리고 아이도 건강하도록 기도를 부탁드립니다.

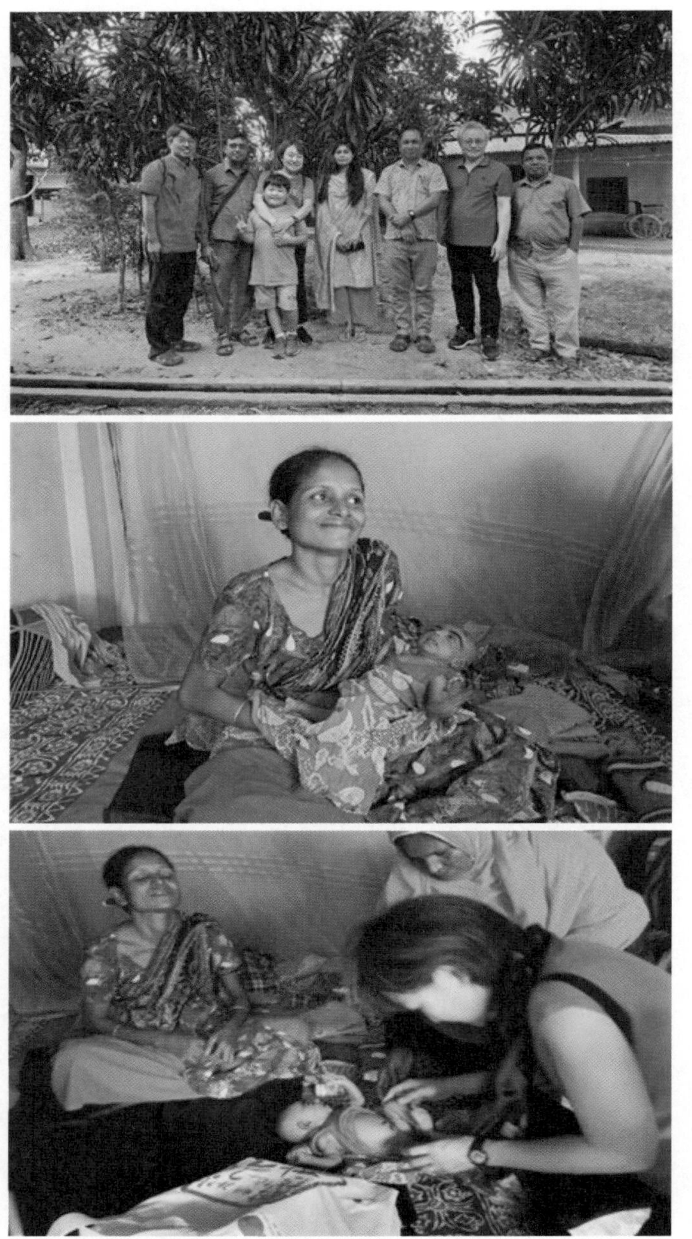

3박 4일의 일정으로 장기창 목사님 가족 네 분이 엔젤스클리닉을 방문해주셔서 클리닉 소개, 사역 나눔, 그리고 이틀 전 집에서 출산한 루나 가정을 방문해서 현지인들이 사는 형편도 보시고, 엄마와 아기의 건강도 돌봐주셨다. 그리고 꼬람똘라 병원을 방문하여 병원 내부를 둘러보고, 특별히 조은희 선생님 부탁으로 이곳 산부인과 의사들이 진료를 했지만 잘 낫지 않는 부인과 환자들을 장지애 선생님이 진료해주셨다.

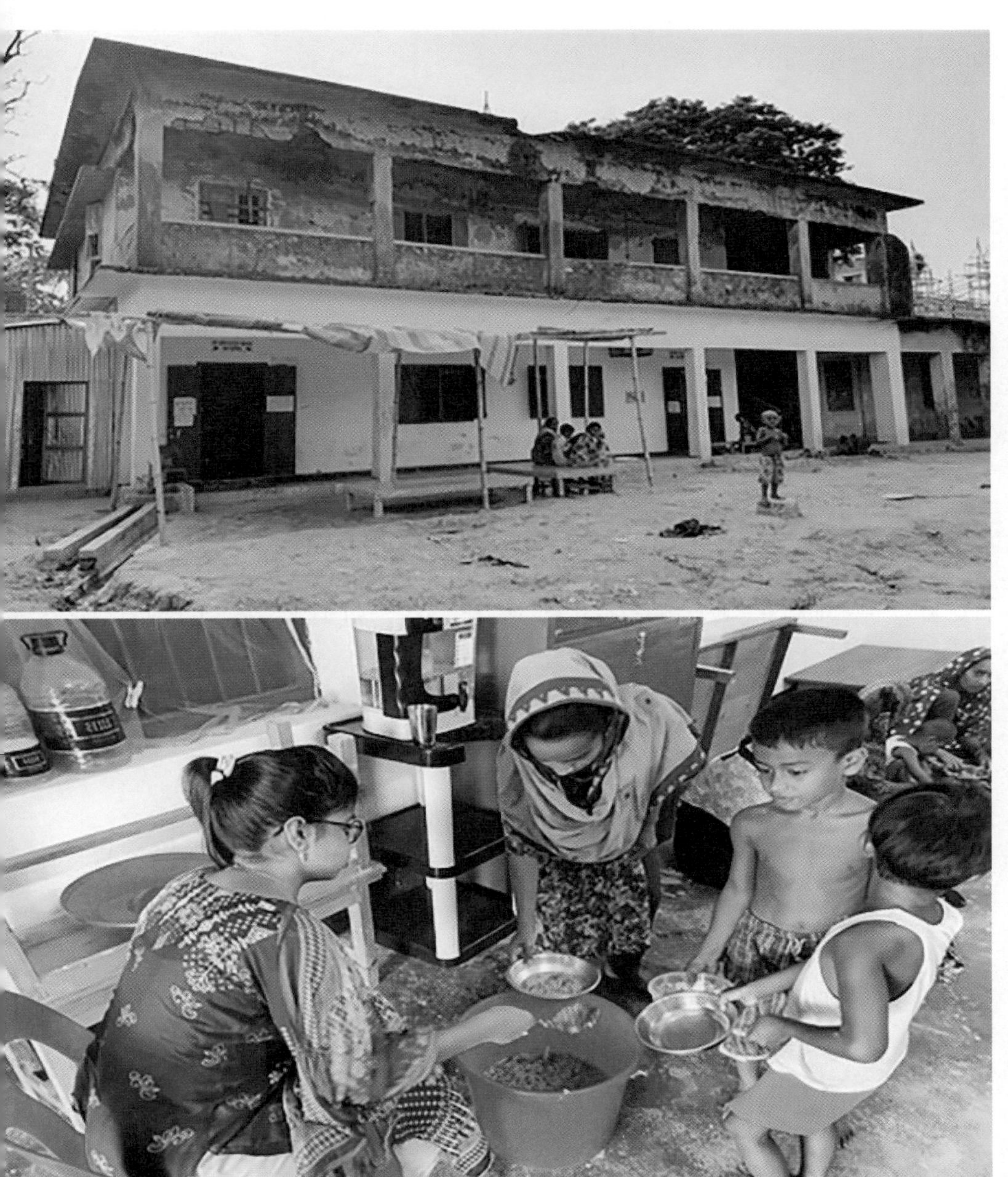

클리닉은 커다란 호수와 함께 빈민촌이 밀집된 지역에 있다. 선생님이 이곳에 오시게 된 이유는 이 지역이 엔지오 단체로부터 소외된 지역이어서 오게 되었다고 한다. 이곳에서 오전에는 소아들을 위한 영양급식 프로그램을 하고 오후에는 아동들을 위한 급식프로그램과 아이들 진료를 하고 계셨다.

8장

열리지 않는 네팔의 문

2015년 봄, 미얀마(2012 성탄절)에 이어 방글라데시(2014 성탄절)에 병원을 세웠다는 소식을 접하고 한 무리의 사람들이 내게 쳐들어왔다. 네팔인 카르나 싱 구룽 목사 부부와 다른 두 네팔 사람이 '네팔에 미친' 오홍택 장로님을 앞세워 씩씩거리며 들어와 자리에 앉더니 다짜고짜 따지고 들었다.

"아니 목사님! 이러실 수가 있습니까? 우리를 제일 먼저 해주신다고 해놓고 다른 데만 하십니까?"

오 장로님은 매우 서운하셨을 것이다. 구룽 목사가 설립한 네팔인 교회에서 봉사하시다가 네팔을 누구보다 사랑하게 되신 분이다. 경제적으로 넉넉한 분이 아닌데도 해마다 네팔을 방문해 오지마다 걸어 다니며 일 년 내내 아껴 모아 준비한 사랑을 베푸시는데 어느 날 나를 찾아와 주머니에서 작은 병 하나를 꺼내 보이시며 '이게 무언지 아느냐?' 물었다.

가만 보니 병 속에 무언가 들어 있긴 한데 그게 뭔지 알 수가 없어 "글쎄요?" 했더니 "이건 네팔에서 담아온 흙입니다. 저는 항상 주머니 속에 이걸 가지고 다니며 기도합니다. 잘 때도 붙들고 기도하며 품고 잡니다. 하나님! 네팔을 사랑해 달라고, 네팔에 은혜를 베풀어 달라고."

오홍택 장로님을 처음 만난 건 구룡 목사의 아들 지븐이가 네팔에서 큰 사고를 당해 도움 받을 수 있는 곳을 찾다가 우리를 만나면서였다. 앞에 쓴 책에 담겨 있어, 혹시 기억하는 사람이 있을지 모르겠다. 온몸의 난자당한 상처와 손가락이 네 개나 잘린 손을 붙들고 내가 하염없이 울었던 소년 말이다.

나는 어떻게 위로해야 할지 몰라 당황하고 있을 때, 쓰레기장에 버려져 의식을 잃어갈 때, '너는 죽지 않을 것이다. 내가 너를 붙들고 있다. 내가 너를 쓸 것이다.' 분명한 세 마디 하나님의 음성을 들었다면서 오히려 의연했던 소년 이야기가, 앞에 쓴 책 『사랑은 사랑을 낳는다』 (232쪽 '사랑의 도전장을 내밀다')에 자세히 실려 있는데 내가 그 소년을 치료해 돌려보낼 때 '다음 의료봉사는 네팔로 갈 것이고 병원을 세우게 되면 가장 먼저 네팔에 세우겠다.' 약속했었다.

그런데 이런 나의 의지와는 다르게 네팔은 이상하리만치 문이 열리지 않았다. 그 소년을 보내고 바로 준비하던 의료봉사는 전 세계를 무섭게 휩쓸던 신종 플루에 막히더니 그 후에도 번번이 길이 막히기만 했고 아무리 두드려도 열리지 않았다. 구룡 목사와 오 장로님도 그 사실을 잘 알기에 섭섭해하면서도 기도를 더 해보겠다며 돌아갔었는데, 이젠 더 이상 참을 수 없다는 것이었다.

"아니 방법이 없는데 어쩌란 말이냐?" 했지만 막무가내였다. "그래도 세 번째는 무조건 네팔이어야 한다. 더는 양보할 수 없다. 당장 약속하라." 으름장을 놓는 거였다. 아무리 달래도 소용이 없었다. 이번엔 정말 자리라도 깔고 누울 기세였다. 하는 수 없이 나는 "알았다. 세 번째는 네팔로 하겠다." 약속하고 말았다.

그들이 돌아간 후 나는 소파에 털썩 주저앉아 깊은 고민에 빠져들었다. 아무리 생각해도 가능해 보이지 않았기 때문이다. 그동안 수없이 갖가지 방법을 다 찾아보고 인맥을 총동원해 타진해 보았지만, 소용이 없었고 부정적인 대답만 들었던 기억이 주마등처럼 스쳐 지나갔다.

그 중 뇌리에 가장 깊이 박혀 있는 것은 네팔에서 '도티수정병원'과 '영재기숙학교'로 크게 사역하셨던 외과 의사 K장로님의 만류였다. 거의 '도시락 싸가며' 말리셨다. 그래도 한 번만 만나 달라 사정해도 "목사님! 목사님은 하고 싶은 거잖아요. 그럼 절 만나실 필요가 없습니다. 아니, 부정적인 얘기밖에 할 게 없어 도움이 안 될 테니 만나지 않는 게 좋습니다."라며 한사코 나를 만나주지도 않으려 하셨다.

그래도 어떻게든 길을 찾아야 했던 나는 부정적인 얘기도 도움이 된다며 통사정을 했고 마지못한 허락을 받자마자 대전역 앞으로 달려가 만났지만 밤늦게까지 깊은 상처를 안고 있는 장로님의 '훈화'를 들어야 했다. 그래도 포기하지 않는 게 느껴졌는지 자리에서 일어나면서 마지막 하시는 말씀이 "목사님도 참으로 딱하시네요. 그래도 하겠으면 해보십시오." 하셨다. 우기고 하다가 골 아픈 일이 생겨도 나는 모른다는 느낌이었다.

내가 네팔 사역의 문을 열기 위해 용을 쓰고 있다는 소문이 주변에 파다했는지 '아직도 길이 보이지 않느냐?' 묻는 이들이 많아졌고 이런저런 방법을 제시하기도 했지만 좀처럼 길을 찾을 수가 없었다. 그러던 어느 날 우리병원 심사부장으로 근무하면서 우리 사역에 여러 부분 큰 도움을 주고 있는 이명숙 선생님이 내 방문을 두드렸다. 표정이 아주 밝은 게 무슨 좋은 소식인가 귀기울였다.

"목사님! 오래전 네팔에 선교사로 나가 있는 제 친구가 네팔에 지진이 나서 모금하러 잠시 들어왔다는데 만나보지 않으시겠습니까? 제가 그 친구한테 우리 목사님이 네팔 사역을 열기 위해 노심초사하고 있다고 했더니 그 친구도 목사님을 뵙고 싶어 하네요. 그 친구라면 어쩜 목사님의 숙원을 푸는 일에 도움을 줄 수도 있을 것 같아요. 옥순이 하고 저하고 그 친구, 셋이 단짝이었는데 셋 중에 그 친구가 가장 열정적인 신자였거든요."

이명숙 부장님이 '옥순이'라고 부르는 사람은 오랫동안 우리병원 간호부장을 지낸 김옥순 권사이고 '그 친구'는 네팔에 나가 있었던 함선희 선교사였다. 셋은 '전주 예수간호전문학교' 출신으로, 그 중 함 선교사는 학생 시절부터 선교사로 불릴 정도로 남달랐는데, 아니나 다를까 네팔에 선교사로 나갔다는 것이다.

함 선교사를 만나 얘기를 들어보니 네팔의 의료선교 상황이 얼마나 어려운지 속속들이 알 수 있었다. 모든 사람들이 왜 그리 말리고, 그 많은 사람들이 방법을 찾아주지 못했는지 이해가 되었다. 그래도 내가 도저히 접을 수가 없었던 이유는 '마음에 서원(약속)한 것은 해로울지라도 지키라'(시편 15:4)는 말씀 때문이었다. '가장 먼저 하겠다.' 약속하지 않았던가?

두 친구가 한목소리로 "선희야! 네가 우리 목사님 소원 좀 풀어 드려라." 간절한 부탁에 하는 수 없다는 듯 "알았어. 어떻게든 찾아볼게." 대답하고 네팔에 들어간 함 선교사님은 정말 백방으로 길을 찾았고 얼마 후 전화를 해왔다. "목사님! '네팔의 슈바이처' 강원희 선교사님께서 방법을 찾아주셨어요. 사역자만 있으면 '오지 사역'은 가능하다네요." 역시 오지 전문가이셨다.

강원희 선교사님은 워낙 유명한 분이어서 어떤 분인지 따로 설명할 필요가 없을 것 같다. 내게 강 선교사님은 네팔 사역을 향한 나의 해묵은 숙원에 유일하게 긍정적인 사인을 보내주시고 돌파구를 열어준 분이다. 나는 강 선교사님께 입은 은혜를 결코 잊을 수가 없다. 얼마 전 그의 임종 소식을 뉴스를 통해 들었을 때 남다른 아쉬움을 느꼈던 이유이다. 나는 아마 천국에 가서도 바쁠 것 같다. 고마움의 인사를 다 전하지 못한 분들이 너무도 많기 때문이다.

저를 보내주세요

문제는 사역자가 없는 것이었다. 오래전부터 아무리 백방으로 찾아봐도 가겠다는 사람이 없었다. 우리는 사역비만 지원하니, 생활비는 자기 돈을 써가며 가겠다는 사람을 찾기가 쉬울 리 있겠는가? 그러니 내가 얼마나 심란했겠는가. 길이 전혀 보이지 않는데 가망 없는 약속을 그냥 또 해버렸으니 말이다. 그렇게 얼마나 앉아있었을까.

똑똑 방문을 두드리는 소리에 고개를 들었다. 문을 열고 들어온 사람은 J선교사였다.

J선교사는 우리병원 초창기, 간호사로 근무하며 신우회 활동도 열심이었는데 얼마 후 어린이 선교에 꿈을 품고 준비해서 병원 근처 가좌동에 '하얀빛선교원'을 설립해 운영했다. 규모도 꽤 있어 충분히 관인 유치원도 할 수 있음에도 불구하고 오로지 선교가 목적이었기에 '선교원'을 고집했다. 그래선 망할 것도 같은데 그런 뜻을 공감하는 자모들이 점점 많아져 한 번도 원아 모집을 해보지 않을 정도로 줄을 섰다니 얼마나 대단한 일인가?

우리 후원 이사로도, 동전 모으기 운동에도, 얼마나 애틋하고 적극적이었는지, 대개는 모은 동전을 가지러 가야 했는데 하얀빛선교원은 자모들도 선교에 참여시켜야 한다며 늘 자모들에게 들려 보냈다.

한 번은 선교원 예배 설교를 부탁받았다. 평생을 설교했어도 아직도 낯설고 어려운 설교가 있다. 외국인들에게 하는 통역 설교와 유아 설교다.

미얀마에 세운 병원을 둘러보러 갔다가 K선교사의 '퍼칸센터'에서 한 번, 캄보디아에 병원설립을 물색하러 갔다가 '소빛국제기독학교'에서 한 번, 통역하는 설교를 두 번 하고는 더 이상 하지 않는데, 그보다 어려운 게 유아 설교다.

도저히 거절할 수 없어 가장 어려워하는 유아 설교를 하러 간 적이 있는데 얼마나 예배 훈련이 잘되어 있던지 그 수백 개의 초롱초롱 눈망울을 나는 평생 잊지 못할 것이다. 보배 씨 (나는 지금도 이렇게 부를 때가 많다)는 그러다 더 큰 소명을 받아 신학 공부를 했고 선교사훈

련까지 받아 사이판에 선교사로 나가 있었다.

"아니 연락도 없이 웬일이야?" 물었더니 사이판이 무슨 태풍인가에 다 휩쓸려 엊그제 일시 귀국했는데 갑자기 나를 만나고 싶은 마음이 요동을 쳐 그냥 발이 끄는 대로 왔다며 "그런데 목사님! 무슨 걱정이 있으신지 안색이 안 좋으신데요?" 묻는 것이었다. "여차저차 해서 마음이 심란해 그렇다." 했더니, 대뜸 하는 말이 "목사님! 제가 갈 테니 저를 보내주세요." 했다.

나는 어안이 벙벙해 얼른 대답하지 못하고 있다가 "아니 정말이야? 에이~ 농담이지?" 했더니, 사실은 사이판 선교지 사역에 오래전부터 회의를 느껴 다른 사역지를 놓고 기도하고 있었다며 자기를 보내달라는 거였다. "아니 언어도 영어로만은 안 될 텐데 어떻게 하려고?" 물었더니 "우선 답사를 다녀와 준비에 들어가서 1년쯤 언어와 현지 적응훈련을 하면 되지 않겠냐?" 하는 거였다.

"우리는 사역비만 지원하는데 생활비며 학비며 만만치 않을 텐데 그래도 할 수 있겠는가?" 했더니, 이미 그런 건 준비가 되어 있다는 것이었다. 드디어 사역자가 나타난 것이다. 이럴 때 우린 보통 '할렐루야!'를 외친다.

이 사역을 해오면서 '이런 변이 있나?' 할 때도 많지만, '세상에 이런 일이?' 할 만큼 더 많은 경사가 있어 사역을 이어올 수 있었던 게, 내게 베푸시는 하나님의 은혜였다. 얼마나 감사하고 고맙고 예쁜지 눈물이 쏟아졌다. 얼마나 뛸 듯이 기뻤으면 바로 그 자리에서 조금 전 방에서 나간, '네팔에 미친' 오 장로님께 전화했다. '장로님의 기도가 하늘에 닿았다.'라고.

마르팍 오지에 진료소를 설립하려던 일도 백방으로 추진해 보았으나 결국 포기할 수밖에 없었고, 텅 빈 건물과 환자를 들고 오는 들것 하나만 있는 보건소에, 필요한 시설을 보완하고 의료 장비를 넣고 운영해 보려던 시도도 무산되고 말아, 아직은 방법이 없으니 기도하며 기다릴 수밖에 없었다. 그렇게 2년쯤 지났을까? 상황은 나아질 기미가 보이지 않았지만 그렇다고 더 이상 기다릴 수 없었던 우리는 위험을 감수하고라도 사역을 어떻게든 시작해야 했다. 가능한 방법은 '보건의료지원'밖에 없었다. 그 오래 묵은 숙원, 네팔 사역이 이렇게 온갖 악조건 속에서 시작되었다.

곧바로 J선교사는 오 장로님과 함께 답사를 떠났다. 네팔 현지에 선 구룽 목사와 함선희 선교사가 합류해 마르팍 오지까지 돌아보고 귀국한 후, 우리의 다른 나라 사역지도 돌아보고 싶다며 마침 준비하고 있던 방글라데시 2년 차 의료봉사에 합류했다.

방글라데시에서 돌아온 선교사님은 가방을 싸서 네팔에 들어가 틈틈이 현지 상황을 보고해 왔는데 분위기와 전망은 여기 기록할 수 없는 민감한 이유로 점점 어두워져만 갔다. 할 수 있는 게 점점 없어졌다. 오죽하면 우리 소식지에 그 상황을 특집으로 묶어 긴급 기도 요청을 했겠는가.

그런 문제뿐만이 아니었다. 마르팍 오지에 진료소를 설립하려던 일도 백방으로 추진해 보았으나 결국 포기할 수밖에 없었고, 텅 빈 건물과 환자를 들고 오는 들것 하나만 있는 보건소에, 필요한 시설을 보완하고 의료 장비를 넣고 운영해 보려던 시도도 무산되고 말아, 아직은 방법이 없으니 기도하며 기다릴 수밖에 없었다.

그렇게 2년쯤 지났을까? 상황은 나아질 기미가 보이지 않았지만 그렇다고 더 이상 기다릴 수 없었던 우리는 위험을 감수하고라도 사역을 어떻게든 시작해야 했다. 가능한 방법은 '보건의료지원'밖에 없었다. 그 오래 묵은 숙원, 네팔 사역이 이렇게 온갖 악조건 속에서 시작되었다.

17년 네팔 의료지원센터를설립하며

지금도 약 한 알 제대로 먹지 못해 죽는 사람이 있다는 것을 아십니까? 네팔에서도 오지 마르팍 이야기입니다. 우리는 세 번째 동전의 기적사역으로 꺼져가는 생명을 살리는 작은 돌 하나를 놓기로 했습니다.

사실 네팔을 향해 무모한 '사랑의 도전장'을 내민 지는 오래되었습니다. 제가 쓴 『사랑은 사랑을 낳는다』 232쪽에 실려 있는 난도질당한 네팔 소년을 만나면서부터니까 말입니다. 쓰레기장에 버려져 의식을 잃어갈 때 '너는 죽지 않을 것이다. 내가 너를 붙들고 있다. 내가 너를 쓸 것이다.'라는 하나님의 음성을 들었다는 소년 말입니다.

그동안 수차례 도전에 실패했는데 하나님은 이제야 빗장을 열어주셨습니다. 특별히 그동안 동전 모으는 일에 누구보다 열심히 발벗고 뛰었던 정보배 선교사 부부가 2년 전부터 이 네팔에 펼칠 동전 사역에 헌신해 준비에서부터 모든 책임을 너무나 아름답게 감당하고 있어 더 기쁩니다.

이제 우리는 오는 11월 7일~14일 (7박 8일) 그 오지 마르팍에서 미얀마, 방글라데시에 이어 '세 번째 동전의 기적 사역'을 시작하려 합니다. 기도해주시고 관심과 참여 부탁드립니다.

9장

세 번째 동전의 기적, 네팔 세림보건의료지원센터

강원희 선교사님의 자문을 따라 네팔사역은 보건의료지원으로 설계되었다. 사실 치료보다 예방이 더 중요하듯이 특히 오지나 빈민촌엔 의료보다 보건이 더 필요했고 보건의 범위는 폭이 넓었기 때문에 우리는 카트만두에 게스트하우스와 작은 보건지소를 마련해 운영하면서, 오지들을 찾아다니며 보건과 의료를 지원하고, 방문이 필요한 곳은 팀을 구성해 의료봉사를 펼치고, 병원에서 치료해야 할 사람들은 게스트하우스에 데려와 치료해 집으로 돌려보내고, 만약 한국에 데려와 치료해야 할 환자가 있으면 주선해 보내는 형태로 준비했다.

네팔에 사랑의 도전장을 내민 지 무려 8년만이었으니 어찌 잔치를 안 할 수 있겠는가. 세 번째 동전의 기적, 이름도 긴 '네팔 세림보건의료지원센터' 설립 축하 다과회는 특별히 병원 2017년 추수감사절 행사와 함께 진행되었는데 우리의 감회가 그 어느 때보다 크지 않을 수 있었겠는가? 또다시 많은 이들이 동전을 들고 찾아와 이 큰

네팔사역은 보건의료지원으로 설계되었다. 네팔에 사랑의 도전장을 내민 지 무려 8년만이었으니 어찌 잔치를 안 할 수 있겠는가. 세 번째 동전의 기적, 이름도 긴 '네팔 세림보건의료지원센터' 설립 축하 다과회는 특별히 병원 2017년 추수감사절 행사와 함께 진행되었는데 우리의 감회가 그 어느 때 보다 남달랐다.

기쁨을 함께 나누며 한마음으로 축하해주었다.

때마침 네팔의 구롱 목사는 카트만두 외곽으로 교회를 신축이전하고 입당을 앞두고 있었다. '네팔에 미친' 오홍택 장로님의 열정으로 그가 출석하고 있던 인천 수봉산장로교회의 지원으로 이루어진 일이었다. 우리의 작은 보건지소는 신축된 구롱 목사의 예수소망교회 방 한 칸에 마련되었고, 게스트하우스는 교회 근처에 있는 집 두 층을 임대했다.

다음은 현지 선교사의 소감이다.

누군가 말했습니다. 기다림의 시간은 뿌리를 내리는 시간이라고. 기다림의 시간이 길수록 뿌리가 튼튼하고 튼튼한 뿌리는 많은 열매를 맺을 수 있다고…. 네팔을 향한 오랜 기다림의 시간, 우리는 지금 뿌리를 내리고 있습니다.

사랑의 씨앗은 8년 전(2009년) 현재 네팔소망교회 목사님(Karna Singh Gurung) 아들 지번 구룽(Jeevan Gurung)이 폭도들로부터 집단 폭행을 당하게 되고 이곳 네팔에서 치료가 어려워 한국으로 급히 이송되어 세림병원에서 천사동기의 도움으로 치료 받았습니다. 그때 심은 사랑의 씨앗이 이제 싹을 틔웁니다. 현재 지번 구룽(26세, Nepal Theological college 재학중)은 찬양사역자로 많은 학생들에게 꿈을 심어주고 있습니다.

저는 2015년 11월 13일 네팔 땅을 처음 밟고 그동안 네팔을 배우며 언어공부를 하고 있습니다. 이제 뿌리를 내리는 기다림의 시간이 지나고 2017년 9월 16일(네팔 달력 2074년 5월 31일) 네팔 세림의료지원센터가 세워질 네팔소망교회 입당식을 하였습니다.

네팔은 아시아 최빈국이라는 문제도 있지만 인도의 영향을 받은 카스트제도에는 아직도 '불가촉천민'이라는 계급이 남아 있어서 이들의 삶은 너무도 어렵고 힘듭니다. 사회적 보호는 거의 없고, 의료혜택 또한 받아본 적이 없습니다. 이들과 아픔을 함께 나눌 수 있어서 행복합니다.

사랑은 사랑을 낳습니다. 네팔에 세워지는 천사동기의 사랑 나눔터, 세림의료지원센터가 그들에게 한 줄기 빛이 되기를 소망합니다. 동전에 담긴 많은 이들의 사랑이 여기서 많은 열매가 맺어질 그날을 바라보며.

특별히 감사한 일은 J선교사의 남편이 롯데기공이라는 대기업 임원으로 있었는데 중국의 사드 보복으로 롯데가 철퇴를 맞을 때 롯데기공도 중국의 대형 프로젝트가 타격을 입어 그 일을 수습하느라 미뤄지던 자원 조기 은퇴가 때마침 마무리되어 네팔에 와서 부부가 함께 사역하게 되었다는 것이다.

그는 옛날 J선교사가 우리병원에 간호사로 근무할 때 환자로 만나 결혼을 했는데 얼마나 성실하고 예쁘게 사는지, 내가 '보배를 만나더니 보배가 되었네' 놀리곤 했다. 그런데 정말 그랬다. 부창부수라더니 보배 씨와 점점 똑같아졌다. 꿈도 같아져 신학공부, 선교사훈련도 함께하더니 이젠 K선교사가 되어 네팔에 합류한 것이다.

"아니, 그 많은 연봉이 아깝지 않았나?" 물었더니 "그보다 더 큰 걸 얻었는데 무슨 말씀이시냐. 이렇게 귀한 일을 맡겨주셔서 감사하다."고 했다.

두 분이 얼마나 알뜰살뜰하게 발품을 팔아가며 물건과 집기들을 찾아 다니던지, 너무 그러지 말라고 말려도 목사님이 보내주시는 지원금이 얼마나 귀한 헌금인데 한 푼도 허투루 쓸 수 없다며 아끼고 또 아껴 예쁘게 꾸몄다.

후원을 했던 사람이라 확실히 달랐다. 후원해 보지 않고 받기만 한 사람은 그 돈이 얼마나 아끼고 아껴, 먹을 것도 안 먹고 보내는 귀한 돈인지 모른다. 머리로, 말로는 알지만 실감하진 못한다. 후원을 했던 사람은 그걸 너무도 잘 알기에 그런 것이리라.

드디어 네팔 세림보건의료지원센터가 설립되고 우리는 의료봉사팀을 꾸려 꿈에 그리던 네팔에 도착했다. 양문술 병원장을 단장으로

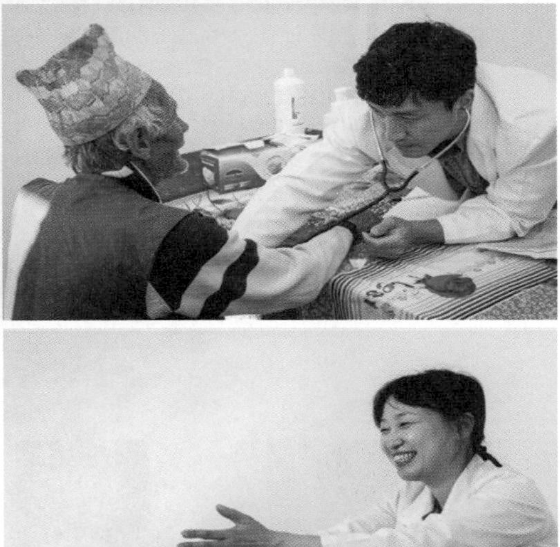

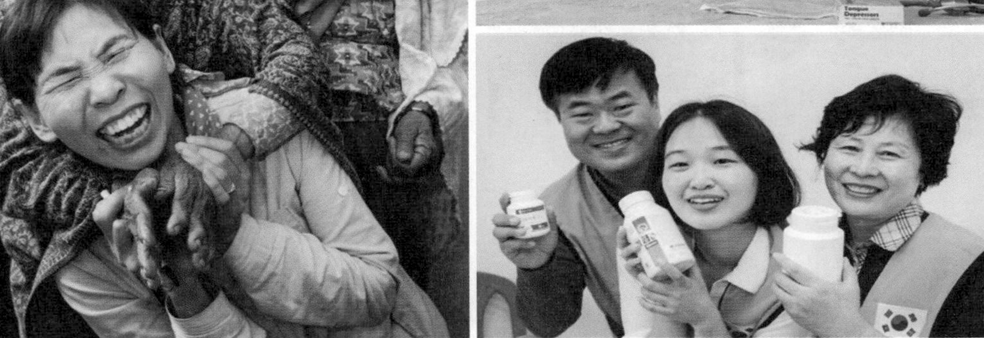

사랑의 씨앗은 8년전(2009년) 현재 네팔소망교회 목사님(Karna Singh Gurung) 아들 지번 구릉(Jeevan Gurung)이 폭도들로 부터 집단폭행을 당하게 되고 이곳 네팔에서 치료가 어려워 한국으로 급히 이송되어 세림병원에서 천사동기의 도움으로 치료받았다. 그때 심은 사랑의 씨앗이 이제 싹을 틔우게 된 것이다.

9명의 단원이 카트만두에 있는 우리 보건지소에서 봉사를 마치고 4륜구동 자동차 3대를 전세 내, 가는데 꼬박 하루 걸리는 오지 마르팍까지 다녀와야 했기에 역대 가장 긴 7박 8일 일정이었다.

어둠이 가시지 않은 이른 새벽부터 눈 덮인 히말라야 산골짜기, 위태로운 절벽에 낸 좁은 비포장 비탈길을 돌고 돌아, 멀미로 구토해가며 밤늦게 녹초가 되어 도착했을 땐 종일 먼지를 뒤집어 써 눈사람, 아니 흙사람들이 되어 있었다.

마르팍은 그야말로 오지였다. 현지에서 그렇게 오래 사역하고 있는 함 선교사도 이런 오지는 처음이라 했다. 샤워는커녕 화장실도 없고 판자집 숙소에는 빈대와 벼룩이 우글거렸지만, 며칠을 걸어서까지 모여든 많은 이들을 돌보며 그 어느 때보다 감동과 보람이 넘쳐흘렀다.

"천사동기(천원의 사랑과 동전의 기적)의 사랑이 세상에서 제일 높은 산 에베레스트를 넘어 네팔 땅까지 왔습니다. 2017년 11월 4일 세림케어센터를 개원하고 11월 7일(화)~13일(월) 세림의료봉사팀(양문술, 황예원, 이명숙, 최영일, 임송미, 송지연, 설선화, 김규영, 이성희)이 카투만두 트리브반 공항에서 바니야따르로, 다시 4륜 자동차 3대로 다딩베시를 지나 산 넘고, 골짜기 물 건너 마르팍까지 진료 가방, 약 가방, 사랑의 짐보따리 가득 가지고 힘들고 먼 길 마다치 않고 오셔서 정성껏 사랑으로 섬기며 의료봉사를 해주셨습니다. 참 감사합니다. 고맙습니다.

의료팀은 돌아갔지만, 사랑의 흔적은 여기저기 남아 있습니다.

몸이 아파도 형편이 어려워 병원에 갈 수 없는 사람들에게 의료봉사는 치료와 함께 마음의 위로와 기쁨도 전해주는 듯합니다. 센터에 모여 아픔을 잠시 잊고 이야기꽃을 피우며 환하게 웃는 모습을 보니 참 행복합니다.

세림센터가 동전으로 세워졌고 물리치료가 무료라는 말에 스스로 기부함을 만들었습니다. 천사동기의 사랑이 이곳에서 소박한 웃음과 소망을 주고 있습니다. 이 일을 위해 수고를 아끼지 않는 분들과 이름 없이 빛도 없이 후원해 주시는 후원자 여러분~ 감사합니다. 축복합니다."(네팔에서 K, J)

"네팔 의료봉사를 가기로 결심하기까지 어느 때보다 고민과 걱정이 많았다. 하나님 앞에 마땅히 기쁨으로 순종해야 함에도 그 며칠간의 짧은 여정이 그렇게 망설여질 수가 없었다. 산 경사의 가파른 절벽 비포장 길을 차로 올라가야 하는 8시간의 위험한 여정, 산악지대 판잣집에서 견뎌야 하는 초겨울의 새벽 추위, 네팔 전역에 퍼져 있다는 사람의 피를 빨아먹는 빈대, 벼룩의 습격 등 감당해야 할 것들이 너무 겁이 나고 두려웠다. 하지만 매일 아침 네팔을 놓고 기도하면서 하나님이 이 일을 기뻐하시고 지켜주실 것이며 어려운 환경일수록 더욱 크게 임하시는 하나님의 은혜를 경험할 것이라는 확신을 가질 수 있었다.

출국 수일 전 간신히 의료봉사 허가가 나왔고 의료 봉사하는 동안 내내 현지 군인들의 감시를 받아야만 했다. 네팔은 매년 우기에 홍수가 나서 집과 다리가 붕괴되고 산사태, 도로유실, 사망, 실종

같은 인명피해가 속출하고 건기가 되면 물이 부족해 먹고 씻기가 힘들어 빨래도 하지 못하고 미세먼지로 숨쉬기도 힘들 정도다. 강우량은 세계 최고 수준인데 그 물을 보관했다가 사용하게 해줄 시설을 만들지 못해 해마다 동일한 자연재해가 반복되는 희한한 상황이 벌어지는 나라다.

우리가 간 11월은 네팔의 건기로 도로를 살살 조심하면서 걸어도 먼지가 얼굴과 머리 위까지 올라와 마스크 없이는 다닐 수 없는 지경이었다. 매스컴에서 본 만년설에 덮힌 히말라야 산맥이 퀘퀘한 먼지 너머 멀리 보이긴 했지만 맑고 상쾌한 산 공기는 카트만두 고원이나 마르팍 산동네 어디서도 맡을 수 없었다.

인산인해를 이룬 의료봉사 현장 마르팍에서는 진료를 받기 위해 옆 산마을에서부터 두세 시간을 걸어온 사람들부터 하교하면서 들른 어린 학생들까지 많은 사람들이 우리의 진료를 반겨주었다. 워낙 아무것도 없는 산동네라 이런 작은 의료봉사도 마을의 큰 이벤트가 되는 것 같다.

마르팍 옆 산 사람들은 본인들 동네에도 와달라고 수년 전부터 아우성이라고 한다. 이처럼 크게 기뻐해주고 기다리는 모습을 보니 또 오지 않을 수가 없다. 수십 개의 구멍이 송송 뚫린 몇 개월 전에 갈아입은 것인지 가늠이 되지 않는 티셔츠를 입고 있는 아이, 먼지를 뒤집어쓰고 사는 게 일상인 사람들. 질병이 걸리지 않는 게 이상할 정도로 위생 상태가 안 좋았다. 카트만두 세림케어센터에서의 봉사에도 사람들이 소문을 듣고 몰려와 밤늦게까지 연장해 의료봉사를 했고 본래 총 500명 정도의 진료 인원을 예상했으나 예상을 훨씬 뛰어넘는 650명 가량의 환자가 진료를 받았다.

단기간의 의료봉사로 그들의 삶이 크게 나아지지는 않는다. 하지만 최영일 장로님의 말씀처럼 신분으로 차별받고 대접받지 못하며 사는 네팔인들에게 그들도 하나님의 사랑을 받아야 할 존재라는 것을 알게 해주는 계기가 되었다고 생각한다. 물이 바다 덮음같이 네팔 전역에 하나님의 은혜가 넘쳐 네팔인들이 하나님의 자녀 되는 축복을 누릴 수 있게 되길 기도한다."(황예원)

"세림병원에서 오랜시간 봉사를 하면서 해외의료봉사를 알게 되었습니다. 그동안 단원 모집공고가 올라올 때마다 여건이 되지 않아 신청하지 못했는데, 이번 네팔 의료봉사는 꼭 가야겠다는 마음이 들었고, 그렇게 간절했기 때문인지 단원으로 발탁되어 함께 할 수 있었습니다.

해외출국과 의료봉사도 처음이라 무엇을 준비해야 하는지 우왕좌왕했습니다. 다행히 경험이 많으신 목사님께서 큰 도움을 주셨고, 영종도 난민센터 봉사를 통해 예행연습도 하게 되어 준비를 무사히 마칠 수 있었습니다. 출국하고 장시간의 비행으로 힘도 들고, 낯선 곳이라 두려움도 있었습니다. 하지만 곁에 단원들이 있다는 것에 힘이 생겼고, 기운도 났습니다.

마루팍에서 첫 진료가 시작되고, 저는 심한 차멀미로 인해 단원들에게 폐를 끼치고 말았습니다. 마음과는 다르게 따라주지 않는 몸이 원망 되었고, 슬펐습니다. 몸이 아파서 우울한 생각이 자꾸 들었지만, 단원들의 따뜻한 위로와 다음 진료를 생각하며 빨리 회복할 수 있었습니다.

마루팍에서 두 번째 진료가 시작되고, 저는 진료 전 체온을 체크하고 이름과 연령을 기록했습니다. 어린아이부터 나이가 지긋하신 노인분들까지 험한 산을 넘어오시는 분들을 보고 가슴 한편이 아릿했습니다. 마루팍은 산꼭대기에 있었고, 이 주변에는 병원이 없어 많은 사람들이 진료 한 번 받아보지 못한 것 같았습니다. 우리 단원들은 찾아오신 마지막 한 분까지 진료를 해드렸고, 무사히 마루팍 진료를 마칠 수 있었습니다.

산꼭대기에서 햇빛을 피해 천막을 치고, 언어도 통하지 않아 통역사분들께 의존해 진료한 마루팍 진료는 매우 힘들었지만 그만큼 뿌듯함이 컸습니다. 이틀간의 마루팍 진료로 조금 익숙해졌지만 바니야따르 진료 때에는 너무 많은 인파가 몰려 수월하지는 않았습니다. 많은 사람들을 차례로 줄 세우고, 차트를 작성하는 일은 쉽지 않았습니다. 또한 이곳저곳 크고 작은 소란과 많은 사람들의 대화 소리, 아이들의 울음소리와 떠드는 소리까지 더해 매우 혼잡했습니다.

언어가 통하지 않아 이 사태를 어떻게 해야 하는지 감이 잡히지 않았습니다. 다행히 마루팍 진료 때부터 도움을 주었던 현지 학생 봉사자들이 이 상황을 수습해주었고, 바니야따르 진료도 무사히 마칠 수 있었습니다.

3일 간의 진료를 함께 하면서 통역과 더불어 안내도 도와준 현지 학생 봉사자들에게 너무 고마웠고, 정성들여 만든 꽃목걸이와 함께 우리 단원들을 환영해준 현지 분들께 감사했습니다. 6박 7일이라는 짧은 시간 동안 선교사님과 현지인들의 친절함과 따스함, 배려를 느낄 수 있었습니다. 이번 해외 봉사를 통해 많은 것을 보고 배웠고, 그중 봉사의 위대함을 다시 한번 느낄 수 있었습니다.

현지 학생 봉사자들의 모습이 매우 인상 깊게 남았고, 봉사란 큰 것이 아니라 작은 것으로도 도움이 되고, 꼭 필요하다는 것을 다시 알게 되었습니다. 사회복지학과에 재학 중인 학생으로서 봉사라는 아름다운 실천을 많은 사람들에게 알리고 싶어졌고, 이번 네팔의료봉사는 잊지 못할 하나의 추억이 될 것 같습니다."(김규영)

10장

종교 자유와 개종금지법

힘든 의료봉사를 다녀온 후, 카트만두센터는 물론이고 오지 '마르팍'에서도 감동의 여운은 이어졌지만, 네팔의 보이지 않는 종교전쟁은 날이 갈수록 치열해져 갔다. 아이러니컬하게도 종교자유 선포 후 종교자유는 훨씬 더 없어진 것이다. 우리 센터를 찾는 사람들은 점점 늘어 수준을 상향하지 않을 수 없는데 상황이 너무 어려워져 점점 더 운신의 폭을 좁혀 왔다. 여기서도 구체적인 내용을 쓸 수 없어 이해가 어렵겠지만 양해 바란다.

안 좋은 소식들만 계속 들려오는 가운데 우리는 작년에 약속한 '따르까'라는 오지와 카트만두 우리 센터에서 펼칠 2년 차 의료봉사를 준비하지 않을 수 없었다. 그런데 아무리 애를 써도 의료봉사 허가가 나오지 않았다. 작년과는 또 딴판일 정도로 무섭게 상황이 악화되고 있었다. 봉사팀은 꾸려지고 날짜는 다가오는데 많은 돈을 들여 편법으로 할 수도 없고, 참으로 난감한 가운데 네팔에서 이런 추신이 달린 보고서를 보내왔다.

(전략)

"다름이 아니라 10월에 예정되어 있는 의료봉사, 많은 기도가 필요합니다. 기도해 보시고 연기를 하거나 취소하는 것도 검토하셔야 할 것 같습니다. 여기서 기도하면서 최선을 다해 준비하고 있는데 아직도 길이 보이지 않습니다. 무엇보다 신변안전에 문제가 많습니다. …… 목사님이 그동안 해오신 사역을 생각하니 마음이 울컥합니다. 상황을 좀 더 지켜보고 좋은 소식 전할 수 있으면 참 좋겠습니다."

그런데 며칠 후 '취소하지 말고 기다려 달라'는 다급한 연락이 왔다. 네팔 남쪽 끝 '떠라이' 지역을 다녀오겠다는 것이었다. 답사를 다녀오자마자 메일이 왔다.

(전략)

"의료팀 안전 때문에 이번 의료봉사를 취소하고 싶었는데 네팔 남부 '떠라이' 지역을 돌아보면서 참 감사한 마음이 들었습니다. 이런 상황이 아니면 이곳을 어찌 찾을 수 있었을까요. '떠라이' 지역은 행정구역상 네팔입니다만 거주민은 인도계여서 네팔에서도, 인도에서도 외면하는 '마데시족속'이라 부릅니다. 뿌리 깊은 힌두 카스트제도의 최 하위계급이어서 너무도 힘겹게 살아가고 있었습니다.

네팔에 처음 왔을 때 '마르팍' 꼭대기에서 히말라야를 등지고 인도 쪽을 내려다보면서 하나님 아버지의 사랑이 네팔 땅끝까지 흘러 내려갔으면 좋겠다고 기도했는데 이런 상황이 되는 바람에 네팔 남쪽 끝까지 내려가게 되었습니다.

천사동기의 사랑이 세상에서 가장 높은 에베레스트를 넘어 이제 겐지스 강까지 흘러가게 되었습니다. 의료적으로도, 선교적으로도 많은 도움이 필요한 곳에서 의료봉사를 하게 되어 너무나 감사합니다. 최선을 다해 준비하겠습니다."

머데시 부족장의 초청장은 받았으나 네팔에서 통할 리가 없으니 실상은 무허가여서 가기 전부터 이런 상황에 꼭 가야 하느냐? 이런 데를 왜 가야 하느냐? 의구심을 가진 이들도 있었지만 '떠라이'가 우리를 간절히 부르고 있는 게 느껴져 결국 모험을 단행하기로 했다.

황예원 과장을 단장으로 7명의 단원이 그 어느 때보다 긴장하며 출발했다. 나는 겉으로 애써 태연한 척했지만, 마음 한편 우리 단원들을 사지로 내모는 느낌이 들어 마음이 매우 무겁고 미안했다. 간 사람들이나 보낸 사람들이나 아마 기도를 가장 많이 했던 의료봉사였을 것이다.

'우리 팀이 카트만두에 도착했겠구나' 생각하고 있을 때 전화벨이 울렸다. 예감은 왜 빗나가지 않는 걸까? 카트만두 트리브반 공항에서부터 브레이크가 걸렸다. 중요한 약품들이 압류 당해 발이 묶였다는 보고였다. 나는 가슴이 덜컹 내려앉았다. 위기가 느껴졌기 때문에 지금 압류된 약품이 문제가 아니었다.

나는 거기서 더 실랑이하지 말고 압류된 약품은 현지약을 구하면 되니 빨리 빠져나와 더 큰 일이 생기지 않게 하라고 다그쳤다. 다행히 우려했던 일은 벌어지지 않았고 서둘러 일정을 소화하기 시작했다.

많은 이들의 기도 덕분이었다. 내게 이번 의료봉사는 준비할 때부터 그 무엇보다 기도가 중요했다. 그래서 의료진도 베테랑으로 꾸렸지만, 이성희 부목사와 든든한 최영일 장로, 그리고 특별히 고원현 목사를 넣었다.

고원현 목사는 우리 원목실 전도사로 오래 함께 사역하다가 10여 년 전 나사렛병원 원목실을 개척해나갔는데, 타의 추종을 불허할 만큼 기도 대장이다. 그야말로 목숨 걸고 기도하는 분이다. 내가 고 목사를 이례적으로 넣었던 이유는 그가 처음 네팔 세림보건의료지원센터 설립에 큰 기여를 하기도 했지만, 그보다 '기도 대장'이었기 때

다들 취소하고 포기하는 가운데 위험을 무릅쓰고 그 멀고 먼 오지, 땅끝마을까지, 버려진 자신들을 찾아 온 우리를 천사처럼 여겨 크게 환영했고 온 족속이 다 모일 정도로 인산인해를 이루었다. 그들이 가지고 있는 온갖 질병들은 한센병을 비롯해 최 하위 계급답게 처절했으나, 그만큼 우리의 봉사도 빛났고 보람이 있었다. '떠라이봉사팀'이 귀국했을 때만큼 안도의 숨이 쉬어졌던 때가 또 있었을까?

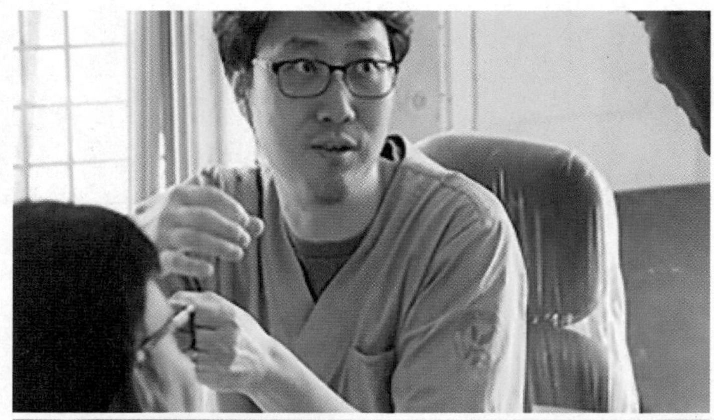

현지 선교사님들을 비롯해 목사님, 봉사팀원들은 그 어려운 상황 속에서도 해결 방안을 찾으려고 끊임 없이 노력하였고, 절망 속에서 하나님께 맡기고 기도하는 모습을 보았다. 이분들을 보고 있으면 도대체 뭐하던 사람들인지 이 세상 사람들 같지 않았다.

문이었다.

급히 밤사이 현지 약품을 구한 우리는 현지 사역자들과 함께 또다시 꼬불꼬불 위태로운 비포장 비탈길을 10시간 이상 쉬지 않고 달려야 했다. '마르팍'은 오르막길이었는데 '떠라이'는 내리막길이었다. 어두울 때 출발했는데 어두울 때 도착했다. 오지 사역이 얼마나 어려운지 여실히 느껴지는 순간이었다. 그러나 언제나 어떤 일이나 그렇듯, 고진(苦盡)이 크면 클수록 감래(甘來)도 컸다.

다들 취소하고 포기하는 가운데 위험을 무릅쓰고 그 멀고 먼 오지, 땅끝마을까지, 버려진 자신들을 찾아온 우리를 천사처럼 여겨 크게 환영했고 온 족속이 다 모일 정도로 인산인해를 이루었다. 그들이 가지고 있는 온갖 질병들은 한센병을 비롯해 최 하위 계급답게 처절했으나, 그만큼 우리의 봉사도 빛났고 보람이 있었다. '떠라이봉사팀'이 귀국했을 때 만큼 안도의 숨이 쉬어졌던 때가 또 있었을까?

"세림병원에 근무한 지 어느덧 6년이라는 시간이 지났습니다. 반복적인 일상 속에 숨가쁘게 달려온 시간이었습니다. 그냥 그렇게 정신 없이 지내던 중 평생 들어보지도 못했던 네팔 떠라이 지역 의료 봉사를 권유 받았습니다. '떠라이'라구?

이름도 이상했지만 할줄 아는 것이 '내시경' 밖에 없는 제가 '내시경' 기계도 없는 네팔 오지에 가면 무슨 도움이 될까 걱정부터 되었습니다. 쓸데없이 짐만 되고 오는 건 아닐지 고민하다가, 안 되면 다른 사람 짐이라도 들어주자는 생각으로 참여를 결정하게 되었습니다.

기대 반 걱정 반으로 시작한 여정은 역시나 시작부터 육체적 고통의 연속이었습니다. 8시간이나 좁은 비행기에서 옴짤달싹 못하고 간신히 도착한 카트만두는 내심 기대했던 히말라야의 청정 공기는 온데간데 없고 심한 매연과 추위로 우리를 맞이하였습니다. 더구나 공항에서 나오면서 일부 중요한 약품들까지 압류당해버리자 시작도 하기 전에 좌절감부터 몰려왔습니다.

아! 의료봉사라는 것이 듣기는 좋은데 말처럼 쉬운 것이 아니구나. 여기까지 어렵게 왔는데 아무것도 못하고 그냥 돌아가는 것은 아닐까. 네팔에 오자마자 몸도 마음도 지쳐버리는 느낌이었습니다. 하지만 현지 선교사님들을 비롯해 목사님, 봉사팀원들은 저와 달랐습니다. 그 어려운 상황 속에서도 해결 방안을 찾으려고 끊임없이 노력하였고, 절망 속에서 하나님께 맡기고 기도하는 모습을 보았습니다.

이분들을 보고 있으면 도대체 뭐하던 사람들인지 이 세상 사람들 같지 않았습니다. 힘든 여건 속에서도 감사하고 미소를 잃지 않는 모습을 보면서 오자마자 좌절부터 했던 제 자신이 많이 부끄러워졌고 정말 많은 감동을 받았습니다.

첫날 짐을 풀었던 세림 게스트하우스의 방안은 냉기가 가득했지만 방을 같이 쓴 장로님의 생생한 인생 라이브 간증은 그 어떤 드라마 보다도 열정과 놀라움으로 가득했습니다. 평범하고 반복적인 일상에 메말라버렸던 제 영혼은 그렇게 네팔에서 다시 새 생명을 되찾는 것 같았습니다.

하지만 이튿날부터 시작된 10시간 이상의 꼬불꼬불한 산길 자동차 이동은 정말 끔찍했습니다. 간밤에 은혜 받았던 마음도 잠시, "내가 왜 여기 온다고 했을까, 너무 쉽게 결정한 건 아닌가. 다시는 오지 말아야지." 등등 온갖 생각이 들었습니다.

아침 해가 뜰 때 출발하여 저녁 해가 지고 나서야 목적지인 떠라이 지역에 도착할 수 있었습니다. 준비해간 약품도 부족하고, 고된 여정에 몸도 무척 피곤하였습니다. 내시경도 없는데 이곳 사람들에게 내가 과연 무슨 도움을 줄 수 있을까 하는 부담도 커졌습니다.

다음 날 아침 드디어 진료소를 열었습니다. 정말 많은 사람들이 진료 받으러 찾아왔습니다. 도대체 어디서 그렇게 오는지 갓난 아이부터 걷지 못해 업혀 오는 노인에 이르기까지 수백 명의 환자들이 몰려들었습니다. 소아마비, 호흡기 질환, 피부 질환, 근골격계 질환, 부인과 질환, 급기야 성경에 나오는 한센병 환자까지 온갖 종류의 질병에 신음하는 환자들을 보게 되었습니다. 특히 여자 환자들은 나이에 상관없이 고된 노동으로 인해 대부분 관절염이나 근육통을 호소하였고, 젊은 나이에도 출산 후 육체노동에 산후조리를 못해 자궁탈출증상을 호소하는 환자가 무척 많았습니다.

언어가 달라 그들의 말을 모두 이해하지는 못하였지만 그들의 고통과 절망은 몸짓과 표정으로 충분히 느낄 수 있었습니다. 우리에게는 아무것도 아닌 진통제 한 알이라도 그들에게는 잠시나마 고통을 잊게 해주는 힘이 될 수 있었습니다. 한 명 한 명 진료를 보면서 그들의 기대를 모두 만족시켜줄 수는 없었지만 최소한의 도움이라도 줄 수 있으면 좋겠다고 생각하게 되었습니다.

그렇게 아침에 시작한 진료가 해가 저물 때까지 지속되었고, 형광등이 없어 휴대전화로 불을 밝히며 팀원들과 함께 마지막 환자까지 보았습니다. 진료를 마치자 마음속에 하나님께서 주시는 기쁨과 보람이 충만하게 느껴졌습니다. 모든 팀원들의 얼굴에도 미소가 가득하였습니다. 봉사를 통해 오히려 제 마음이 통째로 치유함을 받은 것 같았습니다.

처음에는 머뭇거리고, 자신 없이 수동적으로 참여한 일정이었지만, 봉사를 통해 잠자고 있던 제 영혼이 새로워지고, 하나님의 살아계심과 계획하심, 나를 향한 사랑을 다시 한 번 깊이 체험하게 되었습니다. 누군가 저처럼 어떤 이유로든 머뭇거리고 있다면 기회가 되면 꼭 한번 참여해 보시기를 권합니다. 어떤 모양이든 우리를 들어 사용하시는 하나님을 만나게 될 것이라고 확신합니다. 물론 저도 기회가 되면 꼭 다시 참여하고 싶습니다."(김지훈)

11장

현지인 중심의 오지 의료봉사로

'떠라이'에서는 감사 편지가 줄을 이었고 또 방문해달라는 요청이 쇄도했으나 네팔의 상황은 점점 더 어려워져만 갔다. 급기야 할 수 있는 일은 막히고 생명의 위협을 견디다 못한 선교사들이 네팔을 떠나기 시작했고 그 숫자는 급격히 늘어갔다.

특히 열심히 일하기로 소문난 우리나라 선교사들은 그들의 타깃이 되어 있었기에 나는 불안해 우리도 잠정 폐쇄하고 잠시 피해 귀국했으면 했다. 그런데 우리 선교사들은 완강했다. 오히려 떠나는 선교사들이 놓고 간 사역들에 더 욕심을 냈다. 만약 그런 일을 당한다면 그보다 큰 영광이 어디 있겠냐며 자신들은 각오가 되어 있다고 했다.

나는 속으로 그런 열정이 부럽기도 했지만 만일 그런 일을 당하면 본인들이야 영광이라지만 보낸 내 입장은 어쩌란 말이냐, 은근히 걱정이 커졌다. 그러나 어쩌랴 나도 그런 각오를 하는 수밖에…. 그러나 워낙 분위기가 안 좋아 조심은 해야 했다. 보건지소는 그대로 유지하더라도 카트만두 외곽 '바니야따르'에선 유일한 외국인인지라 눈에 너무 드러나 게스트하우스는 시내로 이전하지 않을 수 없었다.

그 후에도 상황은 점점 더 어려워져 갔지만 두 선교사의 선교 열정은 오히려 뜨거워져 갔고 사역을 통해 건져지는 생명들을 보면서 위험한 줄 알면서도 점점 더 영역을 넓혀갔다.

어느 날 아주 딱한 아이를 만났다며 기도를 부탁해왔다. 부모는 이혼하고 할머니가 데리고 사는 'Unika Tamang'이라는 6살 여자 아이가 어느 날부터 말을 안 해서 병원에 데려갔더니 성대에 종양이 생겼기 때문이라는 진단을 받았는데 수술비가 없어서 그냥 있다는 것이다. 함께 의료봉사를 가서 소녀를 만났던 한·네친선병원 김용 선생님의 도움으로 Tribhuvan University Teaching Hospital에서 수술을 진행하려고 한다며 Unika를 위한 기도 부탁이었다.

어린아이지만 말을 할 수 있다는 희망으로 그 힘든 과정을 잘 이겨내고 있다는 소식을 들은 지 얼마나 지났을까. 아주 밝은 모습으로 목소리를 되찾아 말을 잘하는 동영상을 보내면서 그렇게 기뻐할 수가 없었다. 평생 말을 하지 못할뻔 했던 어린아이가 이렇게 예쁘게 말을 하니 얼마나 기쁜 일인가 말이다. 천사의 음성도 이렇게 청아할 수는 없을 것 같다는 생각이 들더란다.

아이의 수술을 시작으로 우리의 도움이 필요한 환자들이 줄을 이었고 여기저기서 약을 보내달라, 치료비를 지원해달라, 의료캠프를 와달라, 해야 할 일들이 넘쳐나, 험한 길 오토바이를 타고 동분서주 했다. 오토바이가 몇 번을 넘어졌는지, 오토바이에서 떨어져 며칠씩

세림 보건의료지원센터는 비록 작은 보건지소지만 활동과 역할은 작지 않았다. 센터에 찾아오는 사람도 점점 늘어갔지만 가난하고 병든 이들을 발 벗고 찾아 나섰으며 선교사연합회 망을 통해 네팔 구석구석에 필수 약품을 공급하고 오지 의료봉사지역넓혀갔다. 당장 먹을 것이 없거나 생활이 어려운 사람들에겐 긴급 지원도 해야 했다. 그게 '보건의료지원'이었다. 목숨을 건 행보가 느껴져 우리는 기도의 양을 더 늘려야 했다.

To मान्छेंलाई खाने कुराको लागि हो।

सेरीम अस्पताल चर्चबाट
from. Serim Hospital church
20000 रूपैंया हो।

구충제, 진통제, 감기약, 피부연고 특히 비타민은 아이들의 눈망 울을 빛나게 한다. 처음 사용해 보는 붙이는 약 파스는 고된 일로 아픈 허리와 다리에 쉼을 얻게 하는 기쁨의 파스이다.

끙끙 앓는 날이 많아져도 얼마나 신나는지 모른다고 했다.

선교사들 가운데 오토바이 사고로 많이 잘못되는 걸 봐온 우리로서는 조심 또 조심할 것을, 통화할 때마다 당부했지만, 당장 자동차를 사줄 수 없어 늘 미안한 마음이었다.

세림 보건의료지원센터는 비록 작은 보건지소지만 활동과 역할은 작지 않았다. 센터에 찾아오는 사람도 점점 늘어갔지만 가난하고 병든 이들을 발 벗고 찾아 나섰으며 선교사연합회 망을 통해 네팔 구석구석에 필수 약품을 공급하고 오지 의료봉사지역도 넓혀갔다. 당장 먹을 것이 없거나 생활이 어려운 사람들에겐 긴급 지원도 해야 했다. 그게 '보건의료지원'이었다. 목숨을 건 행보가 느껴져 우리는 기도의 양을 더 늘려야 했다.

"네팔의 매력은 산지 위에 있는 시골 마을들입니다. 가난하지만 여유 있고 정겹습니다. 부족하고 모자란 것뿐이지만 부족함보다도 주어진 현실에 적응하며 감사하면서 살아가는 사람들. 한국에서는 언제든지 쉽게 구할 수 있는 약품들이지만 이곳은 상황이 다릅니다. 특히 카트만두 시내를 벗어나면 약이 귀해집니다. 약이 있어도 경제적으로 어려워 구입하지 못하는 산악지대 사람들에게 한국에서 온 약은 구경거리이자 이야기거리입니다.

구충제, 진통제, 감기약, 피부연고 특히 비타민은 아이들의 눈망울을 빛나게 합니다. 처음 사용해보는 붙이는 약 파스는 고된 일로 아픈 허리와 다리에 쉼을 얻게 하는 기쁨의 파스입니다. 약품을 지급한 곳은 네팔 동부지역(우다야뿌르), 서부지역(덩거리), 남부지역(시라하, 저너뿌르), 중부지역(마루팍, 따르카)입니다.

리라ㅇ야(여/15세)를 만난 곳은 세림의료지원센터 근처에 있는 New Malashree School에서입니다. 매주 월요일 한국어 수업이 있어 그곳을 방문합니다. 수업 시간 내내 기침을 하는 리라ㅇ야에게 "감기에 걸렸구나. 집에 약 있니?"라는 질문에 아무 말이 없습니다.

수업 끝나고 센터에 있는 약을 전해주면서 잘 챙겨 먹으라고 이야기 했습니다. 리라ㅇ야는 저에게 말했습니다. 동생 2명도 기침을 하는데 이 약을 같이 먹어도 되냐고 합니다. 용량을 확인시켜 자세히 설명해 보냈습니다.

토요일 오후 기침은 좀 어떤지, 가정형편이 궁금하기도 해서 남편과 함께 리라ㅇ야 집을 찾아갔습니다. 방 한 칸에 화장실은 밖에 공동으로 사용하는 곳을 이용하면서 엄마와 동생 2명과 함께 4명이 살고 있었습니다. 갑작스러운 우리의 방문에 놀라서 대접할 것이 없다며 안절부절하는 리라 어머님. 보내준 약 먹고 애들이 기침이 나았다고 환하게 웃으며 좋아하십니다.

잠깐 앉아서 이런저런 이야기 하다가 리라 어머님 손을 보게 되었습니다. 손에 상처가 여기저기 있었습니다. 손에 왜 이리 상처가 있냐는 질문에 애들 3명 학교 가면 집 짓는 곳에 가서 일을 하신다고 하십니다. 일하면서 상처가 자꾸 생긴다고 하시면서 손을 등 뒤로 숨기시며 웃으십니다.

안타까운 마음에, 상처에 바르는 약 있냐고 물으니 애들 감기약 무료로 받은 것만으로도 감사하다며 내 손은 괜찮다고 하십니다.

그 손에 챙겨간 위로금을 쥐어주고 돌아오면서 마음으로 기도했습니다. 힘겨운 삶에 지친 마음도 치료되기를….

무슨 이유인지 모르지만, 가족과 왕래 없이 혼자 살고 계시는 빤데(남/45세) 아저씨. 피부에 여기저기 상처들을 가지고 토요일마다 센터로 치료 받으러 오십니다. 술을 마시면 상처 치료가 안 된다는 말에 알겠다며 고개를 끄덕끄덕하면서, 마음이 슬퍼서 마신다고 하십니다. 이번 토요일(3월 24일) 아침에도 오셔서 치료 받으셨습니다. 치료 받고 그냥 가지 않고 교회에 들어가 기도하고 계셨습니다. 기도하는 모습이 너무 감사해서 한 컷 찍었습니다.

아픈 사람들에게 이 약은 사랑입니다. 소망입니다. 주는 자와 받는 자가 함께 우리가 되어 웃을 수 있는 기쁨입니다. 천사동기 여러분 우리가 되어 주셔서 너무 감사합니다. 누구나 여러 가지 어려운 일들이 있기 마련인데 저희도 때로는 언어의 한계, 어려운 이들을 돕는 것에도 한계를 느끼곤 합니다. 이런 일들을 어떻게 지혜롭게 잘 극복할 것인가. 하는 게 고민이자 기도 제목입니다.

미로본(여, 24세)이 다리에 두드러기가 돋았다고 해서 피부과 약을 먹으라고 주고 돌아왔습니다. 다음 날 남편이 미로본의 상태가 어떤지 확인하러 집을 방문했더니 온몸에 더 심해졌다고 합니다. "그러면 병원을 가야지 왜 그냥 있어"라고 놀라서 물으니 병원비가 없어서 못 간다고 말하더랍니다.

급히 서둘러 병원에 가서 의사 선생님께 진료 받고 처방전 약을 사서 건네주었습니다. 다행히 별 문제 없이 완쾌되어 감사했습니다. 일주일 후 미로본은, 이제 안 가렵다고 좋아하며 환하게 웃었습니다. 미로본의 웃는 얼굴을 보니 예쁘고 감사하고 ~ 나의 마음에도 환한 미소가 지어졌습니다. 세림센터를 통해 더 많은 웃음꽃들이 피어나길 소망합니다.

뜨거운 햇빛이 내리쬐는 8월 아시스따망이 예쁜 딸을 출산했습니다. 출산이 주는 생명의 신비, 새 생명에 대한 기대와 환희 그리고 기쁨들은 누구나 느끼는 감정들입니다. 아시스따망의 출산이 의미있고 우리가 더욱 기뻐했던 이유는 1년 전 그녀의 첫아들 ㅇㅇ엘(4세, 급성 백혈병)이 하늘나라로 갔기 때문입니다.

어린 아들을 하늘나라로 보내고 슬픔에 오열하는 아시스따망을 껴안고 함께 울기밖에 할 수 있는 게 아무것도 없었던 아픈 기억이 생생한데, 힘든 시간이 지나고 임신했다는 기쁜 소식에 건강한 아기의 출산을 위해 함께 기도하며 출산의 날을 기다렸습니다.

이곳은 출산 한 달 전에 아기를 잘 낳으라고 산모를 위해 파티를 합니다. 맛있는 음식을 준비하고 출산에 필요한 아기용품들과 기저귀를 만들어 사용하라고 광목천 등을 선물로 준비하여 파티에 참석합니다. 이 파티에 남편이 출현, 더욱 즐거운 분위기 연출, 그리고 출산할 때가 되어 병원에 갔는데 산모와 아기에게 너무 위험한 응급 상황이 발생해 할 수 없이 제왕절개수술로 건강하고 예쁜 딸을 품에 안았습니다. 지금은 산모도 건강이 잘 회복되었고 아기도 잘 자라고 있습니다. 귀한 자녀를 축복하며 기쁨의 소식을 함께 나눕니다.

우리는 매일 길을 다니며 길에서 많은 사람들을 보게 됩니다. 이곳 길에서 보게 되는 한국과 다른 점은 힌두 국가라서 길에 소들이

외국 의료팀이 방문해 펼치는 봉사가 어려워졌지만 가능한 방법은 현지인을 활용하는 것이었다. 현지 의료인들로 오지 의료봉사를 할 수 있도록 뒤에서 필요한 재정과 물품들을 지원하는 것은 가능한 일이었다. 다행인 건 우리나라 장미회가 세운 한네친선병원이 지금은 거의 명색을 잃었지만 거기서 배출한 의사 중에 우리나라까지 데려와 유학시킨 '헤이브'라는 친구에게 그런 뜻이 있었다. 자신도 그런 도움을 받았으니 그 은혜를 베풀겠다는 마음이 참으로 대견했다.

많다는 것과, 길에 재봉틀을 놓고 수선하는 사람들, 나무로 불을 피워 옥수수를 구워 파는 사람들, 힌두사원 앞에서 점을 치거나 노숙을 하는 사람을 흔히 보게 됩니다.

가끔 길바닥에 체중계를 놓고 앉아 있는 사람을 보게 됩니다. 이곳에서 체중을 측정하면 5루피(60원)를 받습니다. 체중계 주인에게는 이것이 생업입니다. 체중계가 한국은 흔하지만 여기서는 특별한 물건이고 특별한 일입니다.

세림 케어센터에서 매주 토요일 체중계를 무료로 개방합니다. 매주 체중을 확인하러 오늘 아이들의 모습을 통해 성장하는 소리를 듣습니다. 체중에 예민한 사춘기 소녀들, 아가씨들의 웃음소리에서 체중의 감량이 예측됩니다.

한 달에 한 번 정도는 열악한 환경의 사람들을 방문하여 체중, 혈압, 당뇨 측정을 해주려고 합니다. 9월은 성기따 교회를 방문하여 30명의 성도를 돌아보며 함께 했습니다. 때로는 비가 내리고, 길이 험해 오토바이에서 떨어져 며칠씩 허리가 아파도 마음은 행복합니다. 이는 '우리'라는 이름으로 함께 가는 길이기 때문입니다. '우리' 함께여서 감사합니다., '우리' 함께여서 든든합니다. 세림병원교회 천사동기 여러분, '우리'가 되어주셔서 고맙습니다. 우리 함께 만들어가는 아름다운 세상, 네팔에서도 함께합니다.

외국 의료팀이 방문해 펼치는 봉사가 어려워졌지만 가능한 방법은 현지인을 활용하는 것이었다. 현지 의료인들로 오지 의료봉사를 할 수 있도록 뒤에서 필요한 재정과 물품들을 지원하는 것은 가능한 일이었다. 다행인 건 우리나라 장미회가 세운 한·네친선병원이 지금은 거의 명색을 잃었지만 거기서 배출한 의사 중에 우리나라까지 데려와 유학시킨 '헤이브'라는 친구에게 그런 뜻이 있었다. 자신도 그런 도움을 받았으니 그 은혜를 베풀겠다는 마음이 참으로 대견했다.

그가 우리에게 도움을 청해왔다. 자기가 그런 뜻을 가지고 오랫동안 준비해왔는데 필요한 재정이 잘 모여지지 않는다며 지원해줄 수 있겠느냐는 타진이었다. J선교사가 내게 의사를 물어왔다. 네팔 사람들의 형편과 의식이 아직은 그런 수준이라며 목사님께서 특별지원 해주시면 추진해 보겠다는 거였다. 이렇게 좋은 일에 우리는 머뭇거릴 수가 없었다. 우선 추진시켜놓고 볼 일이었다.

'헤이브'를 비롯해 수십 명의 현지인들이 오지 '고띠겔' 의료캠프를 연 사진과 동영상을 보면서 얼마나 뿌듯했는지 모른다. 손주들 돌보려면 필요하다며 딸이 사준 아내의 소형차를 팔아서 송금해야 했지만 기쁘기 그지없었다. 그렇게 시작된 현지인 중심 의료봉사는 떠르커, 떠라이 등 여기저기 오지 의료봉사로 이어졌다.

고티켈 의료봉사

"늘 한결같은 사랑으로 응원해주시고 후원하여 주셔서 네팔 의사들과 함께하는 의료캠프를 잘 마쳤습니다. 지금 네팔은 우기 시작 때라 처음 계획한 '떠르커' 지역에 비가 많이 내려 길이 위험하고 '주까'(우리나라 '거머리'와 비슷)라는 벌레가 6월에 나오는데 기온상승으로 5월부터 기승을 부리는 까닭에 길바닥과 나무에 많이 생겨서 2~3시간씩 걸어와야 하는 환자들 위해 건기에 하자는 의견으로 장소를 옮겨 Lalitpur Gotikhel Health Post에서 하였습니다.

갑자기 장소를 옮겼는데도 홍보, 허가 문제를 네팔 간질협회에서 잘 해결해주셨고 카트만두 모델병원 의사 선생님들의 적극적인 참여로 환자들에게 최상의 진료를 할 수 있어서 감사했습니다. 신경정신과, 치과2, 이비인후과, 내과, 정형외과, 피부과, 산부인과 등 의사 8명 외에 약사2, 위생사 등 27명이 한 팀으로 413명의 오지 환자들을 진료하였습니다.

결산보고는 일주일 후에 가능할 것 같습니다. 현재 지출 총액은 132,580루피입니다.(한화 약 1,410,000원) 사용한 약품의 값 정산이 남았는데 네팔은 아직도 손으로 써서 계산하니까 시간이 걸릴듯 합니다. 계산서 오는 대로 결산보고 드리겠습니다.(약값은 약 100,000루피 예상하고 있습니다)

이번 의료캠프를 진행하면서 많은 것을 배웠습니다. 부족한 것을 보완하여 세림의료지원센터가 더욱 든든히 서 가도록 최선을 다하겠습니다. '고티켈'지역 의료캠프에 약품과 사랑의 헌금으로 도움을 주셔서 감사드립니다. 그 후 네팔간질협회와 헤이브라즈번더 의사 선생님을 만나 애프터모임을 7월16일 가졌습니다.

헤이브라즈번더 의사 선생님은 의료 손길이 필요한 곳에 이렇게 의료캠프를 실시하여 많은 환자들이 치료받아 감사하다며 네팔은 아직 의료혜택을 제대로 받지 못하는 곳이 많다며 앞으로 계속 의료캠프 추진을 말씀하셨습니다. 아픈 누군가에게 도움의 손길

히말라야(뜻: 눈 덮인 산) 에베레스트산은 웅장하고 아름답다. 누군가는 이 산을 바라보면서 너무 멋져서 "황홀하다"라고 표현했다. 그런데 산이 높으면 높을수록 그늘도 크다. 이 산 그늘에서 자연에 순응하며 살아가야 하는 힘겨운 사람들이 있다. 이들의 힘겨운 삶을 함께 나누며, 함께 웃으며 살 수 있어 행복한 오늘을 살아가고 있다.

때로는 비가 내리고, 길이 험해 오토바이에서 떨어져 며칠씩 허리가 아파도 마음은 행복했다. 이는 '우리'라는 이름으로 함께 가는 길이기 때문이다. '우리'가 함께여서 감사하다. '우리' 함께여서 든든하다. 세림병원교회 천사동기 여러분, "'우리'가 되어주셔서 고맙습니다." 우리 함께 만들어가는 아름다운 세상, 네팔에서도 함께한다.

을 줄 수 있는 의료캠프, 이 일에 늘 든든한 후원으로 함께하여 주시는 세림병원교회, 천사동기후원자 여러분 감사합니다. 의료캠프 후 환자들로부터 쾌유 소식을 들을 때 기쁘고 고맙다고 인사를 받으면 부끄럽습니다. 이 인사는 여러분들이 받아야 함을 알기 때문입니다. 이 귀한 일에 함께여서 감사드립니다."

떠라이 의료봉사

"세상에서 제일 높은 산이 있는 곳 네팔. 멀리서 바라보는 히말라야(뜻: 눈 덮인 산) 에베레스트 산은 웅장하고 아름답습니다. 누군가는 이 산을 바라보면서 너무 멋져서 '황홀하다'라고 표현했습니다. 그런데 산이 높으면 높을수록 그늘도 큽니다. 이 산 그늘에서 자연에 순응하며 살아가야 하는 힘겨운 사람들이 있습니다. 이들의 힘겨운 삶을 함께 나누며, 함께 웃으며 살 수 있어 행복한 오늘을 살아가고 있습니다.

2020년 새해를 시작하면서 1월10일-12일 카트만두에서 의사3명, NGO평화네팔 대표, 자원봉사자들과 세림병원에서 보내준 약품을 챙겨서 네팔 남쪽 '떠라이' 인도 국경 근처 머데시 족속이 살고 있는 '저레스워르' 지역에서 의료캠프를 진행하였습니다. 이상기온으로 너무 추워서 저레스워르 크리닉 앞마당에서 캠프를 할 수 없어 마을 회관으로 캠프장소를 옮겨서 하게 되었습니다. 이런 추위에도 대부분 맨발로 진료를 기다려야 하니 양말에 운동화를 신고 있는 게 죄송스러웠습니다.

추위 속에서도 무료 진료는 순조롭게 진행되었고 254명의 환자를 치료해주었습니다. 400명 예상이었는데 갑자기 추워진 날씨로 예상 인원보다 적었습니다. 의사 3명, NGO 산티(평화)네팔 대표, 현지인 자원봉사자 5명, 이요셉 선교사, 이은규(요셉선교사 딸) 크리스티 선교사(저레스워르 크리닉)부부, 저희 부부, 모두 15명이 함께 하였습니다. 진료 중 피부 질환으로 방문한 환자들 중, 나병환자로 의심되는 환자와 나병 확진 환자가 있어서 의사들과 의논하여 2시간 거리에 Lalgadh Leprosy Hospital에서 계속 치료 받을 수 있도록, 돌아오는 길에 Lalgadh Leprosy 병원을 방문하였습니다. 영국 선교사님이 세운 병원이고 많은 나병환자들이 치료 받고 있었으며 미국과 영국의 NGO 도움으로 운영되고 있었습니다. 병원 관계자들은 한국 사람들이 처음 방문이라고 기뻐하며 앞으로 의료캠프 때 의사 선생님을 보내주겠다고 하였습니다. 게스트하우스도 깨끗하게 준비되어 있었습니다.

algadh Leprosy Hospital입니다. 사진 찍는 것이 나병환자들에게 미안해서 환자 숙소만 찍었습니다. 밤에는 아무도 다니지 않고 불빛만이 있습니다. 한국에서 2차례 봉사 활동하러 갔던 소록도가 생각났습니다. 그곳에서 환자들 위해 함께 기도하며 하룻밤 지내고 귀한 만남을 기뻐하며 카트만두 집으로 돌아왔습니다. 의료캠프를 하려면 여러 가지 준비해야 하는 일들이 많아 어려움도 있지만 우리를 기다리는 환자들을 생각하면 빨리 다시 달려가고 싶습니다."

할 일이 너무 많았다. 가는 곳마다, 보이는 것마다, 하고 싶은 일이 점점 더 많아져 보건의료지원에 국한하지 않고 닥치는 대로 물불을 가리지 않고 일했다. 누군가 날 더러 '쥐뿔도 없으면서 겁대가리도 없다.' 라고 놀려댔다. 맞는 말이다. 그런데 생각해 보라, 얼마나 신나는 일인가. 이렇게 고마울 수가 없었다.

현지인들이라 유리한 점이 많았다. 신변안전은 물론, 허가나 통역도 필요 없었고 훨씬 많은 진료과를 열 수 있었을 뿐만 아니라, 약도 현지인들이 잘 아는 약이어서 오남용 걱정도 없었고, 충분히 가져가 사용한 후 사용한 약값만 치르면 되기에 비교할 수 없을 정도로 재정도 훨씬 적게 들었다.

할 일이 너무 많았다. 가는 곳마다, 보이는 것마다, 하고 싶은 일이 점점 더 많아져 보건의료지원에 국한하지 않고 닥치는 대로 물불을 가리지 않고 일했다. 점점 더 야위어가는 선교사님 부부를 볼 때마다 너무 무리하지 말라고 당부했지만, 그들은 걸음을 멈추지 않았다. 늘 더 하지 못해 안달했다.

내게 이 일도 하고 싶고 저 일도 하고 싶다며 의사를 물어올 때마다 "내 의사는 묻지 말라. 선교사님이 기도해서 감동되면 그게 내 뜻이니 그대로 진행하고 소요되는 것은 부담 갖지 말고 청구하라 그게 내 몫이다." 대답했다. 그만큼 나는 그들을 전폭적으로 신뢰했다.

어느 날 J선교사가 전화를 해왔다. "목사님! 제가 '벌쿠'라는 빈민가에 가 봤는데 도저히 사람이 살 수 없을 것 같은 판자촌 쓰레기 더미에 방치된 아이들이 있어요. 마음이 너무 아파 견딜 수가 없네요. 그 아이들을 위한 센터를 하나 더 만들면 안 될까요?"

나는 그 말이 끝나기도 전에 대답했다. "그런 걸 뭘 물어! 물을 필요 없다고 했잖아. 그렇게 귀한 일이 있으면 안 하는 게 이상한 거지. 필요한 것만 말해줘." 누군가 날 더러 '쥐뿔도 없으면서 겁대가리도 없다.'라고 놀려댔다. 맞는 말이다. 그런데 생각해 보라, 얼마나 신나는 일인가. 이렇게 고마울 수가 없었다.

곧바로 빈민촌 어린이를 위한 '네팔 제2세림지원센터'가 판잣집 두 칸을 임대 얻어 깨끗이 수리해 교실을 만들어 운영을 시작했다. 센터 이름은 그곳에서 목회하며 고아들을 입양해 돌보는 현지 목사님이, 모두가 회피하는 곳에 무조건적인 사랑을 베풀어주니 '아가페어린이케어센터'로 하면 좋겠다고 해 그대로 정했고 현지인 사역자를 고용해 일임하고 틈틈이 방문하며 갖가지 지원을 해가고 있다.

지난 성탄절에는 산타로 깜짝 방문해 파티를 연 사진을 보내왔는데 아이들과 어울려 노는 선교사님들의 모습이 그렇게 행복해 보일 수가 없었다. 전공이 어디 가겠는가?

제2센터를 설립하고 얼마 되지 않아 전 세계를 휩쓸고 있는 코로나바이러스가 네팔에도 덮쳤다. 코로나의 위력은 가난한 나라, 가난한 사람들에게 더 가혹했고 우리가 사역하는 곳이 모두 그런 곳이어서 나의 초조함과 긴장감은 극에 달했다. 미얀마난민촌, 방글라데시 빈민촌도 네팔 빈민들에게도 코로나는 아주 치명적이었다.

네팔 정부는 방법이 없어 '록다운(lockdown)' 말 그대로 엄중한 감금, 걸어 잠글 수밖에는 없었고 경찰들이 몽둥이를 들고 밖에 나오는 사람들을 무섭게 단속했으니 하루 벌어 그날 음식을 사다 먹어야 하는 사람들은 집에 갇혀 굶을 수밖에 없는, 참으로 비참한 상황이었다. 우리가 어떻게 손 놓고 있을 수 있겠는가? 도시락을 만들고 식량을 구해 여기저기 뛰어다녀야 했다.

"2020년 마지막 달이라 그런지 왠지 더 빠르게 지나간 느낌입니

제2센터를 설립하고 얼마 되지 않아 전 세계를 휩쓸고 있는 코로나 바이러스가 네팔에도 덮쳤다. 코로나의 위력은 가난한 나라, 가난한 사람들에게 더 가혹했고 우리가 사역하는 곳이 모두 그런 곳이어서 나의 초조함과 긴장감은 극에 달했다. 네팔 정부는 방법이 없어 '록다운(lockdown)' 말 그대로 엄중한 감금, 걸어 잠글 수밖에는 없었고 경찰들이 몽둥이를 들고 밖에 나오는 사람들을 무섭게 단속했으니 하루 벌어 그날 음식을 사다 먹어야 하는 사람들은 집에 갇혀 굶을 수밖에 없는, 참으로 비참한 상황이었다. 우리가 어떻게 손 놓고 있을 수 있겠는가? 도시락을 만들고 식량을 구해 여기저기 뛰어다녀야 했다.

다. 가끔은 하늘만 바라보며 잠잠히 지내야 했던 시간이 많았던 한 해이지만 그 시간을 보내고 나니 이 또한 은혜였습니다. 감사한 시간이었습니다. 이 어려운 시기에 세림병원교회에서 보내주신 약품들이 우여곡절 속에 12월1일 센터에 무사히 도착하였습니다. 보내주신 약품들은 네팔 분들에게만 필요한 게 아니라 코로나로 국제 배송이 어려워 약품을 전달받지 못한 이곳에 살고 계신 선교사님들에게도 꼭 필요한 약품이라 큰 도움이 되었습니다.

구충제와 비타민을 구하기 위해 하루 종일 약국마다 다녀도 못 구했다는 선교사님~ 약품 도착했다는 소식을 듣고 바로 오셨다며 몇 번이고 감사의 인사를 하셨습니다. 약품을 나누며 약 한 알 한 알이 얼마나 소중한지 다시 한 번 느끼는 시간이었습니다. 고국에서의 일정을 마치고 3월19일 전세기 편으로 네팔에 입국하였습니다. 챙겨주신 사랑의 물품들(약품, 마스크, 체온계, 당뇨측정용품, 심전도측정기, 빔프로젝트, 카메라프린터기, 머리핀 등등)도 무사히 통과 되었습니다. 늘 한결같은 사랑으로 챙겨주시는 세림병원교회 모든 분들께 감사드립니다.

네팔에서 10일간의 자가 격리를 마치고 다시 일상이 시작되었습니다. 자가격리기간 물과 필요한 양식을 날라주는 귀한 손길들. 사랑을 주려고 이곳에 왔는데 이곳에서 사랑을 받으며 오늘을 살아갑니다. 이곳도 여전히 코로나로 위태로운 상황입니다. 벌써 1년 넘게 이런 상황이 지속되다 보니 이제는 무뎌져서 힘든 상황도 받아들이며 살아내고 있는 모습입니다. 인도에서 변이 바이러스로 상황이 나빠지고 있다고 하니 국경을 마주하고 있는 네팔은 이 나쁜 상황이 우리에게 다가오지 않기를 바란다며 걱정스럽게 소식을 전해 주었습니다.

교회와 센터, 성도들 가정, 우리가 후원하는 아이들 가정을 방문하여 그동안의 안부를 물었습니다. 어려움 중에서도 부흥하는 교회, 기뻐하는 성도들, 웃음꽃 가득한 아이들이 있어 너무 좋았습니다. 예수님을 전하러 왔는데 이곳에 미리 와 계신 예수님을 만납니다. 그리고 이 주님을 마음 다해 더욱 사랑하지 못함이 죄송합니다.

그러던 어느 날 J선교사가 자기 네팔 이름이 '아누그라'(은혜)라는 말을 하는데 번쩍 섬광처럼 뇌리에 스쳐 지나가는 느낌이 들었다. 얼마 전 '인천은혜교회' 김명애 목사님이 내게 맡긴 헌금이었다. 김 목사님은 20여년 전 내가 해남종합병원에 파송한 김동순 전도사의 언니인데 그때부터 우리 사역을 알고 어려운 개척교회를 하면서도 한결같이 후원하고 있는 분이다.

그런데 하루는 전화를 걸어와 대뜸 하는 말이 "목사님! 하나님이 목사님 갖다 드리라네요." 하는 것이었다. "뭘요?" 물었더니 '괜히 상가교회 월세만 허비하지 말고, 예배를 집으로 옮기고 월세는 선교에 더 귀히 쓰고, 보증금은 장기창 목사를 갖다주면 잘 쓸 거라'는 기도 응답을 받았다면서 보내온 2,000만 원이었다. 목사님이 다음 병원 세울 때 쓰시든 지금 하고 계신 사역에 쓰시든 알아서 하라고 했다. 나는 그 특별한 거액의 헌금을 어디에 쓸지 기도하고 있었던 것이었다.

가난한 네팔 성도들이 모두 팔 걷고, 발 벗고 나서서 우리가 옛날에 그랬듯 맨손으로 교회를 건축해가는 모습이 정말 눈물겨웠다.

작지만 예쁜 교회 건물이 완성하고 드리는 입당 예배에는 감사가 넘쳤다.

그런데 J선교사가 자기 네팔 이름을 말하는 순간 '은혜'가 오버랩(overlap) 되었다. 그래 하나님께서 그걸 네팔에 쓰기 원하시는구나, 확신이 들어 이런 헌금이 있는데, 어디 쓰고 싶은 곳이 있는지 물었더니, 보건의료지원을 위해 낙후된 여러 곳을 다니면서 본 다 쓰러져가는 판자교회 이야기를 하는 것이었다. 찢어지게 가난한 교인들이 교회 건축을 위해 얼마나 눈물겹게 기도하는지 어릴 때 고향교회에서 본 모습을 다시 보게 되었다는 것이다.

10년 동안 온 성도들이 온 힘을 다해 모은 건축헌금이 우리나라

돈으로 800만 원쯤이라며 너무나 가난한 그들로선 정말 큰 돈을 모은 거지만 10년은 더 모아야 지을 수 있을 것 같은데 그 판잣집이 그때까지 버텨주겠냐며 사진을 보내왔다. 나도 어릴 적 생각이 나서 눈물이 핑 돌았다. 그래 거기 쓰면 좋겠다는 생각이 들었고 '네팔은혜교회' 건축은 그렇게 시작되었다.

가난한 네팔 성도들은 어안이 벙벙한 표정으로 꿈인가 생시인가 하면서 모두 팔 걷고 발 벗고 나서서 우리가 옛날에 그랬듯 맨손으로 교회를 건축해가는 모습이 정말 눈물겨웠다. 코로나로 건축이 지장을 받지는 않는지 물었더니 코로나 시국에 오히려 할 일이 생겨 더 열심이라는 거였다.

작지만 예쁜 교회 건물이 완성되고 입당 예배와 잔치 사진을 보내온 선교사님은 결산보고를 하면서 나를 다시 놀라게 했다. 예산이 800만 원이나 남았다는 것이다. 어떻게 된 거냐 물으니 원칙을 세우길 우리의 지원금이 자체 예산보다 더 크지 않도록 했다는 것이다. 그래야 하는 이유를 설명하는데 얼마나 사려 깊은지 놀라지 않을 수 없었다. 그러면서 남은 예산으로 더 딱한데 하나를 더 건축하겠다는 거였다.

사진을 보내왔는데 정말 딱하기 그지없었다. 김명애 목사님께 소식을 전했더니 하나님은 언제나 곱빼기로 주신다며 뛸 듯이 기뻐하셨다. 그렇게 두 번째 네팔 은혜교회 건축이 시작되었고 얼마 후 온 성도들의 헌신으로 지어진 예쁜 교회 사진을 받아볼 수 있었다.

주변의 여러 선교사들이 코로나에 감염되어 쓰러져도 치료를 받을 길이 없다는데 조심하라 당부해도 오히려 할 일이 더 많아졌다며

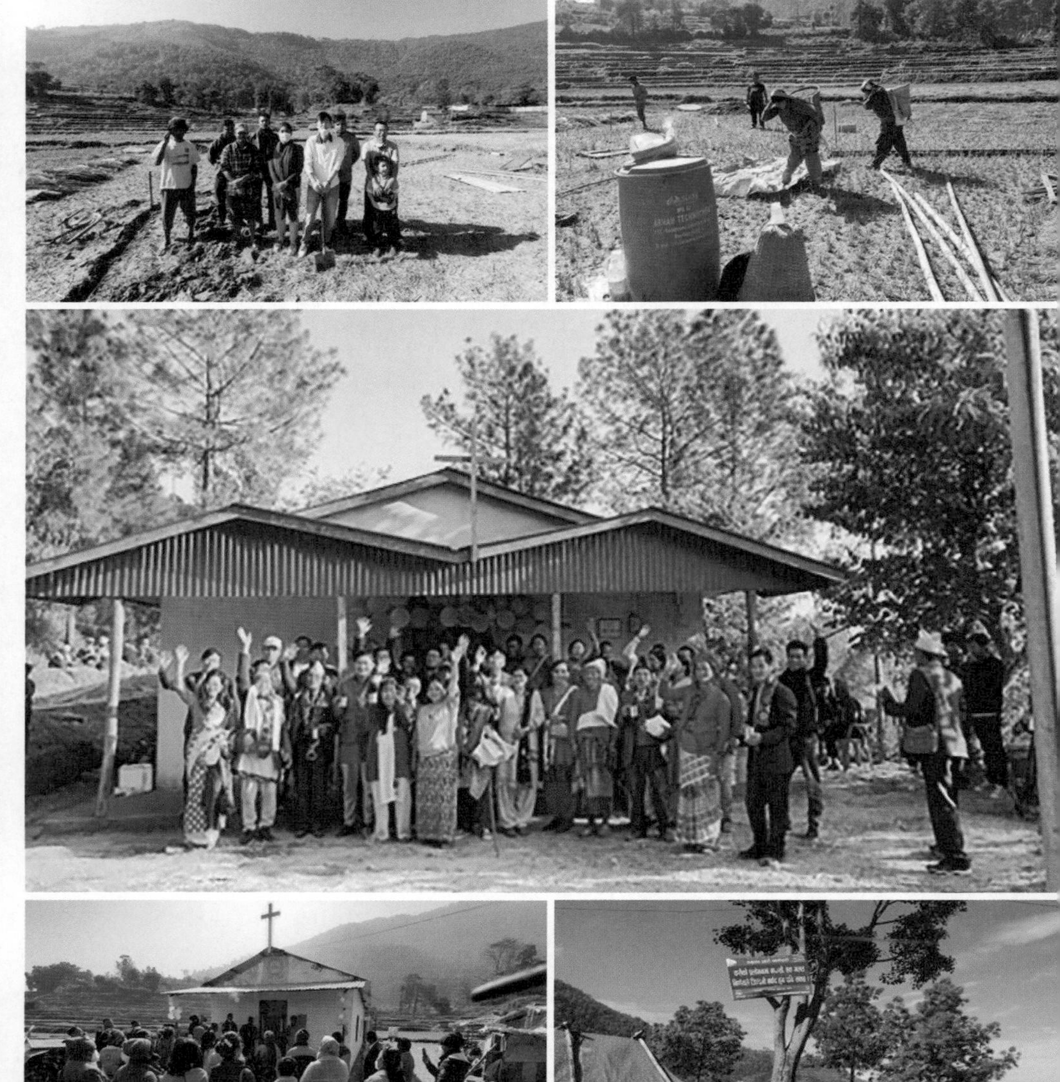

주변의 여러 선교사들이 코로나에 감염되어 쓰러져도 치료를 받을 길이 없다는데 조심하라 당부해도 오히려 할 일이 더 많아졌다며 더 뛰어다녔고 은혜교회 건축하는 모습을 보고 감동과 도전을 받은 사람들의 헌금이 이어져 교회 건축도 연달아 세 번째(자파), 네 번째(누와곧)를 이어갔다.

교회만 지어주고 손을 떼지 않고, 자립할 수 있도록 닭이며 염소, 돼지와 양어장 등을 지원해 상당한 열매를 거두고 있으니, 이 얼마나 감사한 일인가!

더 뛰어다녔고 은혜교회 건축하는 모습을 보고 감동과 도전을 받은 사람들의 헌금이 이어져 교회 건축도 연달아 세 번째(자파), 네 번째(누와콛)를 이어갔다.

더 감사한 일은 교회만 지어주고 손을 떼지 않고, 자립할 수 있도록 닭이며 염소, 돼지와 양어장 등을 지원해 상당한 열매를 거두고 있다는 것이다. 엊그제는 한 교회에 지원해준 돼지가 새끼를 12마리 나았다며 기뻐하는데 선교사님도 이제 네팔 사람이 다 되어 가는구나, 생각이 들어 웃음이 나왔다.

인도에서 넘어온 변종 바이러스로 코로나가 다시 심해져 네팔은 다시 록다운(lockdown)이 되고 여기 기록할 수 없는 민감한 종교적 문제로 심각한 사태가 벌어져 우리도 '벌쿠' 어린이케어센터 아이들에게 도시락과 빵을 나누어주는 일을 잠정 중단하지 않을 수 없어 너무나 안타까운 마음이었지만 더 시급한 일은 방역을 돕는 일이었다.

우리병원도 코로나 전담병원이 되어 매우 어려운 상황이었음에도 우리 해외 사역지들을 챙기는 일에 적극적으로 발 벗고 나서 주었고 인편이 안 되면 택배로도 여기저기 보내느라 분주했다. 참으로 감사한 일이 아닐 수 없다.

그런데 며칠 후, J선교사가 긴히 의논드릴 일이 있다며 전화를 걸어왔다. '잘나켈 은혜교회' 옆 부지를 임대해 가난한 청소년들의 교육을 돕기 위한 세 번째 센터를 세우고 싶다는 거였다. 네팔엔 코리안드림을 가진 청소년들이 많아 그동안 틈틈이 한국어능력시험(EPS-TOPIC)을 돕는 일을 해왔는데 그중에 가난한 아이들이 많아 너무나 안타까웠다며 그들을 모아 적극적으로 지원하는 비전센터를 세우고

교회와 센터, 성도들 가정, 우리가 후원하는 아이들 가정을 방문하여 그동안의 안부를 물었다. 어려움 중에서도 부흥하는 교회, 기뻐하는 성도들, 웃음꽃 가득한 아이들이 있어 너무 좋았다. 예수님을 전하러 왔는데 이곳에 미리 와 계신 예수님을 만나다니. 그리고 이 주님을 마음 다해 더욱 사랑하지 못함이 죄송했다.

싶다는 것이었다.

규모는 어느 정도로 생각하는지 물었더니 건물 두 동에(교실 2, 독서실, 남학생 숙소, 여학생 숙소, 사무실, 화장실 2, 샤워장, 우물) 시설들을 생각하고 있다고 했다. 엄청난 일이었다. 시설도 시설이지만 그보다 운영이 더 큰 일 아닌가? 더구나 지금 상황이 이토록 최악이어서 다들 사역을 접거나 줄이고 있는 마당에, 말이 나오지 않았다. 그런데 오히려 지금이 적기라는 거였다. 나도 '말릴 수 없는 사고뭉치' 소리를 적잖이 듣지만 나보다 한 술, 아니 열 술은 더 뜨는 친구들이다. 그야말로 청출어람 아닌가?

비전센터 건축은 곧바로 시작되었고, 그 모든 시설이 일사천리로 구비되었을 뿐만 아니라 대기하고 있던 아이들로 순식간에 채워졌다. 50명이 넘는 젊은 청년들을 먹이고 재우고 가르치는 일은 장난이 아니었다.

이젠 오토바이로는 사역이 감당되지 않았다. 그러잖아도 가끔 넘어지고 떨어져 늘 불안했는데 당장 자동차를 구하는 게 시급해졌다. 고맙게도 한두 달이나 지나서였을까 자동차를 구했다는 기쁜 소식을 전해왔다. 우리가 많이 보태주지 못했는데 다른 여러 손길을 통해 상태가 괜찮은 자동차를 마련할 수 있었고 한결 마음이 놓였다. 그러나 그보다 더 큰 문제는 막대한 운영비 아닌가?

그런데 참으로 놀라운 일이 벌어졌다. 우리 선교사가 NGO-ooooo 네팔 지부를 맡아 그 관사로 이사를 하게 된 것이다. 우리 게스트하우스 운영에 들어가던 비용을 여기로 돌리면 되니 걱정하지 말라는 것이었다.

딸(장지애)이 병원을 개원하기 전에 해외선교지를 함께 돌아보고 싶다고 하여 함께 선교지 여러 곳을 방문했다.

더 놀라운 건 우리는 이 일로 네팔 사역의 큰 숙원을 풀게 되었다는 것이다. 네팔을 생각하면 늘 마음 한편에 가장 무겁고 불안했던 게 비자 문제였는데 하나님은 이렇게 우리의 그 모든 문제를 일거에 해결해주신 것이다. 우리는 당장 눈앞에 보이는 작은 문제 하나를 보고 씨름하는데, 하나님은 더 멀리 보시고 더 크고 중요한 많은 문제를 해결해 주신다는 사실을 또다시 깨닫고 경험하는 계기였다.

교회를 건축 하는 일도 계속되었다. 암딘 지역의 '축복교회', 더란 지역의 '우리교회', 쪼르바 지역의 '갈보리교회' 벌써 몇 개째인지 모른다. 빈민촌과 오지 의료지원사역도 여기저기 꾸준히 이어가고 있다. 그런데 우리 네팔 의료지원센터가 가장 관심을 쏟고 있는 지역은 '떠라이'라는 곳이다. 앞에 언급한 남쪽 끝 인도 국경에 살고 있는 네팔에서도 인도에서도 버림받은 최하위 계급, 신발도 신지 못하는 머데시 족속이다.

우리 의료봉사팀이 2018년 처음으로 발을 디딘 후, 그곳은 우리의 관심 1순위이다. 코로나 와중에도 현지인들로 의료팀을 꾸려 다녀오지 않을 수 없을 만큼 마음이 쓰인다. 거리도 멀고 여러 가지 여건이 어렵지만 어떻게든 손길을 펼치기 위해 애를 쓰고 있다.

얼마 전, 딸이 병원을 개원하기 전에 해외 선교지를 함께 돌아보기를 원해서 일정을 조율하기 위해 전화를 했다. 먼저 방글라데시를 들렀다가 다카에서 카트만두로 넘어가는 비행 편이 여의치가 않아 네팔에 머무는 시간이 2박 3일밖에 되지 않는다고 했더니 J선교사가 펄쩍펄쩍 뛰면서 "아니 그럼 떠라이를 어찌 다녀오나?"며 울먹였다. 시간 조율이 불가능하면 국내선 비행 편을 알아보겠다면서 어떻게든 떠라이를 꼭 가 봐야 한다고 했다. 머잖아 네팔 사역의 무게중심이 떠라이로 이동할 것 같은 예감이 든다.

12장

압하지야가 막히고 카보베르데가 열리다

네팔 세림보건의료지원센터가 설립된 후, 방글라데시 세림병원이 엔젤스클리닉으로 이름을 바꿔 이전하고, 미얀마 2기 사역으로 이뚜따 난민촌병원 운영을 시작하며, 우리는 네 번째 사역지를 찾기 위해 캄보디아, 라오스, 몽골, 알바니아, 탄자니아 등등 여기저기 가능성을 타진하고 있을 때 들어보지도 못한 압하지야를 소개하는 사람이 나타났다.

흑해 연안 동계올림픽이 열렸던 러시아 소치 밑에, 얼마 전 조지아(그루지아)에서 독립한 비인가 공화국인데, 옛날 소련이 해체될 때는 조지아와 함께 독립했다가 원래 다른 민족인 압하지야 족속이 다시 긴 전쟁을 치러 조지아에서 독립했지만, 아직도 국제사회로부터 나라로 인정받지 못하고 있는 딱한 나라였다.

조지아에서 독립할 때, 압하지야는 힘이 없어 러시아의 지원을 받은(다른 시각은 지금 우크라이나의 일부 지역처럼 러시아가 독립시킨) 관계로 아직도 외교와 국방은 러시아가 쥐고 있고 자치권만 가진 나라 아닌 나라였다. 소련 시절엔 최고의 휴양지였던 땅이 계속된 전쟁으로 모든 게 파괴되어 처참한 형편이었고, 가장 시급한 게 의료라는 것이었다. 사람들이 아파도 갈 곳이 없어서 그냥 죽기만 기다리는, 무의촌도 아닌 '무의국'이었기 때문이다.

30년 전 러시아 극동 사할린에 선교사로 나갔다가, 중앙의 시베리아 노보시비르스크를 거쳐, 더 어려운 곳을 찾아 압하지야에 온 W 선교사가 압하지야 행정부의 요청으로 이미 의료센터 허가와 설계, 조감도까지 준비하고 있었다. 압하지야의 실정에 대한 W선교사의 긴 이야기를 들으며 안타까운 마음이 사무쳐 그래 언제 들어올 수 있는지 물으니 가을에 모임이 있어 들어온다는 것이었다.

그런데 W선교사를 만나 구체적인 의논을 시작한 지 얼마 되지 않아 코로나가 터져 이동이 막히기 시작했고 W선교사는 부랴부랴 러시아로 들어가는 마지막 비행기를 타고 출국할 수밖에 없었다. 그러나 러시아에서 압하지야로 들어가는 길은 좀처럼 열리지 않았다. 관문인 소치에 가서 아무리 백방으로 손을 써 봐도 들어가는 문은 꿈쩍도 하지 않았고 나오는 건 가능해, 하는 수 없이 압하지야에 머물고 있던 가족들을 불러낼 수밖에 없었다. 압하지야로서는 철저히 봉쇄하는 수밖에는 없었기 때문이리라.

올해는 어떻게든 네 번째를 설립하려던 우리로서는 몹시 초조했지만, 방법이 없었다. 코로나로 국내외 모든 사역지가 다 비상 상황이 되어 이리저리 수습하고 대응하면서도 마음 한편 그 초조함을 떨칠 수 없었다. 그러던 어느 날 마스크와 약품 지원을 요청하는 전화

세계지도에도 표기가 안 될 정도의 작은 섬나라. 세계인의 관심 밖에 있는 아무 자원도 없는 작은 나라 카보베르데의 사역은 또다른 선교의 지평을 열어주었다.

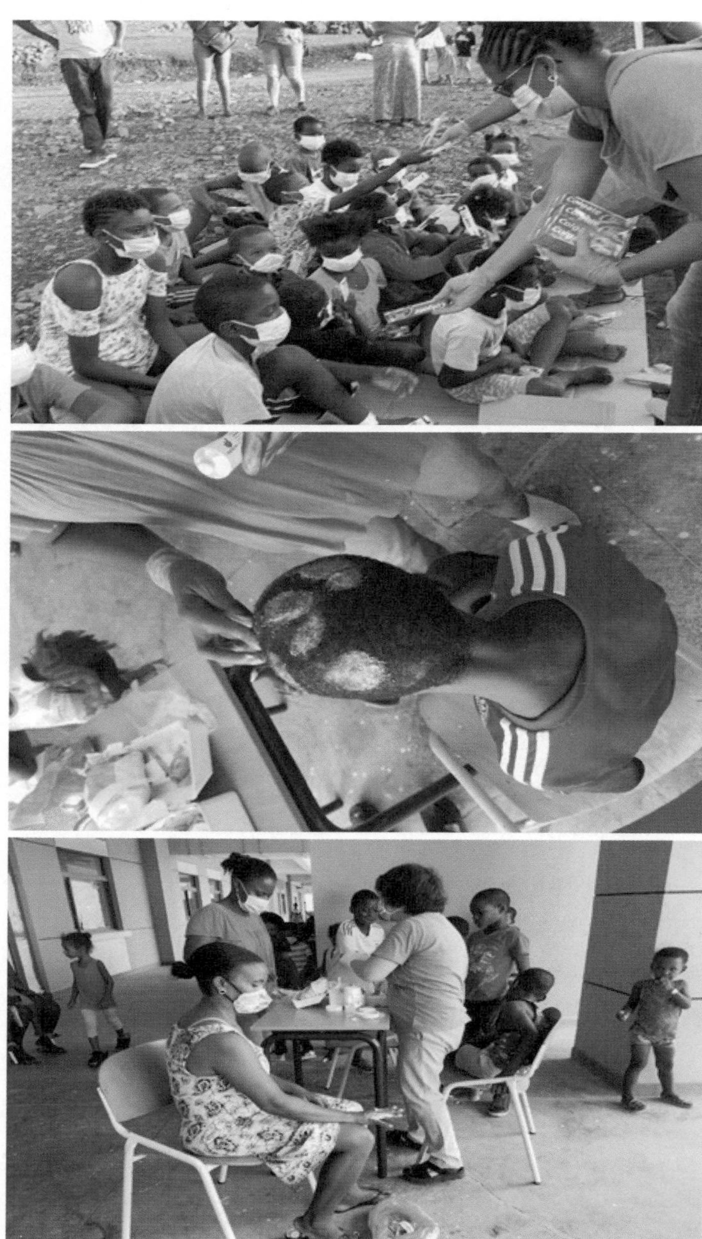

세계인의 관심 밖에 있는 아무 자원도 없는 작은 나라에 사는 영육으로 가난한 형제, 자매들을 위하여 세림병원교회 장기창 목사님을 통해 보건소 건축을 할 수 있게 하신 것은 전적인 하나님 은혜이다.

를 받았다. 서부 아프리카 작은 섬나라 카보베르데에서 '이동 보건 사역'을 하는 선교사를 도와달라며 사진과 동영상을 보내주는 것이었다.

압하지야처럼 처음 들어보는 나라여서 사무실에 걸려 있는 세계 지도에서 카보베르데를 찾아보니 지도 왼쪽 맨 끝 아프리카 대륙을 넘어, 대서양 바다 한가운데 잘 보이지도 않는 열 개의 작은 섬으로 형성된 나라였는데 거기 사정이 너무 딱했다. 약품도 떨어져 구할 수 없고 마스크도 우리 돈으로 만 원을 줘도 구할 수 없는데 가난한 그들에겐 그게 너무 큰 돈이어서 그냥 다닌다는 것이었다.

사정이 얼마나 딱하던지 우리도 여기저기 지원하느라 물품이 동나 있었지만 준비해보겠다 하고 말았다. 우리병원이나 주변 약국이나 친분 있는 제약회사에는 더 요청하기가 어려워, 도움을 청할 데가 또 어디 없을까 생각하다가 일산 중심병원 이상운 원장님이 떠올랐다. "목사님! 언제나 필요한 것 있으면 부담 갖지 말고 말씀하세요." 했지만 그러지 않아도 때때로 뭉텅뭉텅 크게 하시고 계셨기 때문에 왜 부담이 되지 않았겠는가?

부인 구옥경 집사님은 내 책을 읽은 후 열심 후원자가 되어 "남편에게 부담되면 제게 말씀하세요. 저도 이런 일 많이 하고 싶어요."라며 적극적이었지만 선뜻 전화하지 못하고 있는데 카보베르데에서 계속 이어져 오는 현지 소식에 견딜 수 없어 전화했더니 아주 흔쾌히 그리고 넉넉히 용달차로 보내주셨다.

의약품을 전달받은 J선교사가 전화를 해왔고 자신의 사역을 소개했다. 시골에 교회를 짓고 유치원을 하고 있는데 워낙 시골이라 원생들이 졸업하면 갈 학교가 없어 초등학교를 짓고 있으며, 아내가 간호사여서 이동보건소 사역을 많이 하고 있는데 뙤약볕 아래 먼지 날리는 길가에서 치료하고 시술도 하는 게 문제가 많아 보건소를 지으려고 준비하고 있다며 사진과 동영상을 보내왔다.

압하지야의 길이 막혀 막막했던 나는 눈이 번쩍 뜨였다. 바울 사도가 그토록 가길 원했던 비두니아를 막으시고 드로아로 가게 하셨던(사도행전 16:7-8) 일이 떠올라 계획하고 있는 보건소 설립안을 보자 했더니 지금 초등학교 공사를 마무리하고 있는 사람들에게서 견적서까지 받아 보내왔다. 사무실, 진료실, 의약품 창고, 화장실 2, 샤워실까지, 5,000만 원이면 될 것 같은데 3,000만 원만 지원해주시면 2,000만 원은 자기가 부담하겠다는 것이었다.

카보베르데(Cabo Verde, Cape Verde)

포르투갈의 식민지였던 카보베르데는 1975년 독립을 하여 아프리카 54개국 중 가장 민주주의가 잘 이루어진 나라라고 소개할 정도로 현재 2020년까지 작은 쿠데타가 한 번도 없이 민주적인 선거를 통해 정권 교체를 이루어 온 공화국입니다. 서부 아프리카 지역의 대서양에는 2개의 섬나라(카보베르데, 상 토메 프린시페)가 있으며 두 나라 모두 포르투갈의 식민지로 노예무역이 성행할 때 노예들을 모아 놓았던 곳이기도 한 슬픈 역사의 섬입니다.

카보베르데는 인구 50만 명이 열 개의 크고 작은 섬에 흩어져 살고 있으며 현재 수도 프라이아(Praia)가 있는 섬 이름은 산티아고(Santiago) 섬으로 열 개의 섬 중 가장 인구가 많은 23만 명이 삽니다. 카보베르데는 포르투갈어와 현지인들의 언어인 크레욜을 공용어로 사용하기 때문에 언어적 문제와 지리적(섬) 문제로 인해 선교사들이 쉽게 정착하지 못하는 곳이기도 하고 저희 부부가 들어온 2013년까지만 해도 한국인은 전혀 볼 수 없는 나라였습니다.

대한민국과 수교는 했지만 교역량은 거의 전무하다시피 한 것은 물론 세네갈에 위치한 한국 대사관이 겸임으로 있는 지역으로 영사관도 없으며 세네갈의 한국 대사님이 새로 부임을 해도 한국으로 귀임할 때쯤 신임장 제출을 할 정도로 대한민국 정부의 관심 밖의 나라이기도 합니다.

그러다 보니 언어가 같은 나라인 대륙성 기질의 브라질 출신의 선교사들이 카보베르데에 많이 거쳐가기는 하지만 정착하는 선교사는 그리 많지 않은 가운데 저희 부부가 2013년에 입국하여 현재까지 정착하여 사역하면서 현재로는 카보베르데에 세 번째로 오래된 선교사가 되었습니다.

이런 몇 안 되는 선교사들마저 코로나로 대부분 철수하고 현재는 브라질 선교사 3가정에 싱글 선교사 2명 그리고 저희 부부만 남아 있으며 브라질 선교사들이 많이 있을 때도 대다수 도심에 몰려 있기 때문에 복음이 편만하게 전파되지 못하는 아주 열악한 지역입니다.

카보베르데 침례교교단 회장인 '마노엘'목사와 협력을 하여 산티아고 섬의 내륙에 복음을 전파하기 위해 택한 곳이 산타 크루

즈(Santa Cruz)라는 지역에 위치한 아주 열악한 마을인 리보네구아 (Ribeirão de Egua) 지역으로 하나님께서 인도하여 주셨습니다. 리보네구아 지역은 인구 600명 정도가 거주하고 있었는데 교회가 들어오고 유치원이 설립되고 초등학교가 건축되면서 약 200명 정도의 새로운 인구가 유입되어 현재 800명 정도의 인구를 가진 마을입니다.

마을에서 제일 가까운 유치원까지 걸어가는 시간이 40분, 초등학교까지 한 시간, 그리고 병원까지 1시간 30분 정도이다 보니 자잘한 상처는 그들이 안고 가는 상처가 되고 그 상처가 깊어져 결국 어려운 지경에 이르다 보니 저희 부부가 갖고 있던 작은 의료 지식을 동원하여 저들의 상처를 치료하고 감싸주는 일을 시작한 것이 이동 진료소입니다.

조연섭 선교사는 1970년대 대한민국 RN이었고 저는 독학(?)으로 침술을 배워 저들에게 조금이나마 도움을 주고 있습니다. 처음 교회가 세워지고 일 년 뒤에 저들의 입에서 카보베르데의 모든 지역에 우물이 다 말라도 이 지역은 하나님이 은혜를 베푸셔서 우물이 마르지 않는다고 저들의 입으로 하나님을 찬양하며 교회 인근 지역으로 이사를 오기 시작했습니다.

카보베르데는 지난 3년간 가뭄으로 저들의 주식인 옥수수 흉작으로 정부가 식량을 100% 수입하여 배급을 주기도 했지만, 리보네구아 지역은 우물이 마르지 않아 그래도 견딜 수 있었던 것을 저들이 교회가 들어왔기 때문에 하나님이 축복하신 땅이라고 말하는 것입니다. 교회 건축 후 1년 뒤 기독 유치원 설립을 하였고, 교회 건축 3년 뒤인 올해 초등학교를 건축중이며, 기도하던 중에 만난 세림병원교회 장 목사님을 통해 보건소 건축을 할 수 있게 하신 것은 전적인 하나님 은혜입니다.

가끔 세계지도에도 표기가 안 될 정도의 작은 섬나라. 세계인의 관심 밖에 있는 아무 자원도 없는 작은 나라에 사는 영육으로 가난한 우리의 형제, 자매들을 위하여 작은 힘이 되어 언젠가 가야 할 하나님 나라가 먼저 이 땅에 세워질 수 있도록 초대교회의 성도들이 행한 선행을 넘어 하나님의 거룩하신 에덴이 이루어지기를 기도합니다. 사랑합니다! 축복합니다!

13장

네 번째 동전의 기적, 카보베르데 세림보건소

우리의 네 번째 동전의 기적은 이렇게 시작되었다. 초등학교 공사를 마친 후 바로 이어 보건소 공사가 시작되었다. 착수금으로 요청한 15,000,000원을 송금하자 길을 내고, 터를 닦고, 축대를 쌓고, 기초 공사하는 사진이 카보베르데 사역 준비 단톡방에 실시간으로 올라왔고 건축이 순조롭게 진행되고 있었다.

그런데 기초공사가 마무리되자 J선교사가 갑자기 한국에 들어오겠다는 것이었다. 건물을 우리나라의 조립식으로 하는 게 좋겠다며, 어차피 학교에도 필요한 물품이 많아 다 같이 컨테이너에 싣고 오면 비용 면에서도 유리하다는 것이었다.

코로나로 길이 막힌 나라가 많아 멀리멀리 돌아 어렵게 들어왔지만 2주간 격리가 있어 바로 만날 수는 없고 통화만 할 수 있었는데, 격리의 어려움보다 코로나 상황이 더 심각해져, 모금을 위한 모든 길이 막힌 것에 더 낙심했다. 그런데 격리기간에 J선교사 부부를 더

카보베르데 세림보건소 건축은 건축기술자들이 아닌 자동차 정비기술자들에 의해 1년 만에 다시 시작되었다. 본업이 있으니 공사를 토요일밖에 하지 못했지만, 참으로 감사한 일은 그들이 무료로 봉사하겠다는 것이었다. 그들에게 어떻게 그리 아름다운 마음이 생겼는지 알 수 없는 일이었다.

어렵게 만든 건 캐나다에 사는 아들이 한쪽 눈에 있던 지병의 악화로 결국 안구적출 수술을 했다는 소식을 전해 들은 일이었다. 나는 마음이 짠해 내가 좀 더 뛸 테니 너무 걱정하지 말라 위로했다. 그들이 격리되어 있는 동안 나는 바삐 움직여야 했다. 40피트 컨테이너를 아예 매입했다. 가져가 수리하면 교실이든 창고든 아주 유용하게 사용할 수 있지 않겠는가.

그런데 문제는 그 큰 컨테이너를 놓을 장소를 찾는 일이었다. 코로나로 예배도 중단되고 사회적 거리두기로 사람들을 만날 수도 없는데 준비해야 할 물품은 많아, 그래도 사람들 눈에 띄는 병원 역내에 놓았으면 좋겠는데 병원은 '코로나 선별검사소'와 '호흡기 전담 클리닉'(음압 텐트)들이 들어차 줄자를 들고 아무리 찾아봐도 길이 12m가 넘는 대형 컨테이너를 놓을 수 있는 공간이 없었다. 병원 근처에서도 찾아보았지만, 그 큰 컨테이너를 싣고 온 그보다 훨씬 더 큰 트레일러가 돌 수 있는 넓은 공터가 없어, 하는 수 없이 좀 외지긴 하지만 동생 장기성 목사가 시무하고 있는 계양역 인근 다남교회 주차장에 가져다 놓았다.

나는 그날부터 다람쥐 도토리 물어 나르듯 컨테이너에 이런저런 물건을 채우느라 아예 거기로 출근하는 날이 많아졌다. 컨테이너가 외진 곳에 있어 더 열심히 뛰어다니지 않을 수 없었던 것이었다.

그래도 신나는 일이었다. 그토록 먼 아프리카까지 우리 '천사동기'의 사랑을 펼칠 수 있다는 게 얼마나 꿈같은 일인가 말이다. 힘든 일도 힘든 줄 모르고 기쁨에 벅찼다. 그런데 가장 먼저 심각한 문제가 생긴 건 컨테이너 한 구석에 자재를 싣고 가 보건소 건물로 지으

그토록 먼 아프리카까지 우리 '천사동기'의 사랑을 펼칠 수 있다는 게 얼마나 꿈같은 일인가! 힘든 일도 힘든 줄 모르고 기쁨에 벅찼다. 그런데 가장 먼저 심각한 문제가 생긴 건 컨테이너 한 구석에 자재를 싣고 가 보건소 건물로 지으려던 이동주택이었다.

려던 이동주택이었다. 이동주택업자가 알아보니 현지엔 조립식 건물이 아예 없어 자재를 가져가도 조립해 건축할 기술자가 없다는 것이다. 현지인에게 영상통화로 방법을 알려줘서 해보려 했지만, 안전을 담보할 수 없었고 포르투갈이나 세네갈에서 기술자를 데려오면 지을 수 있는지 알아보았지만, 그것도 가능하지 않았다.

결국, 현지인을 최대한 동원한다 해도 기술자 3명은 여기서 가야만 가능한 일이었다. '좋은 일'하는 마음으로 가 달라 사정했지만, 규모가 작아 배보다 배꼽이 너무 크다며 기술자 3명이 이 코로나 시국에 그 멀리 격리까지 해가며 해야 하는 일인데 우리가 봉사로 한다 해도 규모는 최소 이 컨테이너 하나를 자재로만 채워가야 한다는 것이었다.

참으로 난감했다. 안 할 수도 없고 하려면 예산을 몇 배로 늘려야 하는데 우리 형편은 그렇잖아도 코가 석 자였기 때문이다. 설상가상 컨테이너 운임도 코로나로 물류가 막혀 거의 3배로 뛰었고 소요시간도 훨씬 길어졌다. 그것도 얼마 전 한진해운 파산으로 우리나라 형편은 더 어려워져 그나마 실으면 다행이었다. 일은 이미 시작되어 되돌릴 수도 없고 어찌 고민되지 않을 수 있겠는가? 네팔 사역이 유난히 막힘이 많았다면 카보베르데 세림보건소를 설립하는 일에는 유난히 기로가 많았다. 이때도 그중 하나인데 지금까지 해온 형태로는 불가능했기 때문이다.

우리는 또다시 어려운 결단을 해야 했다. 그래! 아프리카 사람들만 생각하자. 아프리카 사람들 생명을 살리는 일 아닌가. 새로운 형태로 해보자. 설립 비용이 몇 배로 들지만, 카보베르데는 물고기를 주는

네팔 사역이 유난히 막힘이 많았다면 카보베르데 세림보건소를 설립하는 일에는 유난히 기로가 많았다.

형태가 아니라 물고기를 잡을 수 있는 그물을 만들어주는 거다.

보건소 몫 외에 더 가져가는 자재로는 모델 하우스(model house)를 지어 웨딩 샵(wedding-shop)을 넣고 이동주택과 웨딩으로 공익사업을 해, 수익금으로 카보베르데 사역을 지원하는 형태로 말이다. 두 사업이 현지 사업으로 전망이 매우 밝으니 마침 웨딩드레스도 넉넉히 기증받았겠다, 사업에 필요한 스타렉스 승합차도 하나 사주어 앰뷸런스(ambulance) 겸용으로 쓰게 하는 거다.

카보베르데 사역을 시작하면서 아프리카는 처음이기에 아프리카 미래재단 박상은 장로님께 자문을 얻으려고 전화했더니 이미 소문을 들어 잘 알고 계셨고 아주 반가워하시며 만나자고 하셨다.

안양샘병원과 샘여성병원은 몇 번 가 봤지만, 군포 '지샘병원'은 가 보지 못해 궁금했는데 마침 거기 계신다고 해서 잘됐다 싶어 찾아갔더니 얼마나 신나게 열변을 토하시는지 역시 박상은 장로님이셨다. 괜히 장기려 박사의 수제자라 불리는 게 아니었다. 그 열정이 오늘의 '샘 병원'을 만드셨음을 여실히 느낄 수 있었다.

장시간 병원교회를 비롯해 여러 곳을 함께 돌아보며 참 많은 대화를 나누었는데, 같은 목사 아들, 같은 사역, 같은 고민 등 공통분모가 참으로 많아 훨씬 더 가까워졌다. '물고기가 아닌 그물'에도 같은 생각이셨다. 장로님이 며칠 후 아프리카미래재단의 모든 직원을 우리에게로 보낸 걸 보니, 이젠 가까움을 넘어 '아프리카 사역 동지'로 여기시는 게 확실했다.(그러나. 이 책을 마무리할 즈음 안타깝게도 박상은 장로님이 2023년 11월 5일 베트남에서 의료 선교를 하던 도중 별세하셨다는 소식이 들려왔다. 억장이 무너지는 황망함이 밀려왔다. 박상은 장로님은 평생 국내외 의료 취약 계층을 돕는 일에 앞장 섰다. 봉사 단체 샘글로벌 봉사단을 설립해 소외된 이웃을 위한 진료 봉사를 펼쳤고, 매해 1,000명의 외국인 근로자를 대상으로 무료 주말진료에도 최선을 다하셨다. 이제 장로님은 수많은 사람들의 마음속에 아프리카 사람들, 선교지의 사람들의 가슴 속에 심겨졌다.)

그래! 이번엔 물고기가 아니라 그물로 가 보자. 있는 것 또 다 털어 한 걸음 한 걸음 감당하며 갈 수 있는 데까지 가 보는 거다. 하나님께서 다 아시니 내 힘이 부족하면 계획하신 만큼 어떤 손길을 통해서든 채우시지 않겠는가. 이런 기회를 주신 게 얼마나 큰 복인가. 옛날 누군가 내게 "목사님! 이젠 제가 갑입니다. 목사님이 제게 맞추셔야 합니다."라고 했고, 또 누군가는 "목사님은 저한테 당하신 겁니다."라고 했다.

하지 않으려 해야 갑이 되는데 어떻게든 해보려고 하니 을이 되는 거였다. 하지 않으려는 사람은 99개의 긍정적인 조건을 보지 않고 한 개의 부정적인 걸 억지로 찾아내 하지 않는 이유로 삼으니 갑이 되는 것이고, 어떻게든 해보려는 사람은 99개의 부정적인 조건을 보면서도 한 개의 가능성을 찾아내 그것에 목숨을 거는 것 아니겠는가? 그래서 어떻게든 해보려는 우리는 늘 을이 되었고 당할 수밖에 없었던 것이리라.

사실 사랑은 을이 되는 것이다. 더 많이 사랑하는 쪽이 지는 걸 보면 말이다. 자식에 대한 부모의 사랑이 그렇고 인간에 대한 하나님의 사랑이 그 끝판왕 아닌가. 우리에게 무슨 봐주실만한 게 있다고 아직도 포기하지 않으시고 철천지 을이 되어 독생자까지 내어주시는 짝사랑을 여전히 베푸시고 계시는 걸 보라. 그게 사랑의 속성이란 걸, 그 사랑에 항복한 게 우리라는 걸 누가 부인할 수 있겠는가? 그러니 우리도 을이 되어, 당하며 사는 게 정상이지 않겠는가? 약삭빠르고, 똑똑하게 손해 보지 않고 살아야 잘 살 수 있을 것 같지만, 사실은 좀 어리숙하게 손해 보면서 사는 게 제대로 잘 사는 거 아니겠는가 말이다.

코로나로 물류 사정이 좋지 않아, 가는데 3달 넘게 걸리니 서둘러야 했다. 건축자재만으로 가득 채운 첫 번째 컨테이너가 곤지암 자재회사에서 작업을 마치고 먼저 부산항으로 떠난 후 우리는 다남교회에 있는 두 번째 컨테이너를 채우는 일에 매진해야 했다.

이사장님과 원장님을 비롯해 참으로 많은 사람들이 발 벗고 나서주었고 "이것도 필요합니까? 저것도 보내드릴까요?" 어디서 오는 건지도 모를 정도로 많은 물품이 밤낮으로 답지했다. 특히 '더나눔플러스' 임 단장님과 장 국장님은 우리보다 더 자신들의 일인 것처

사바나교회(이철호 목사)와 한샘교회(지윤병 목사)는 카보베르데 후원에 한마음 한뜻이 되어 힘을 쏟아 주었다. 두 목사들도 교인들이 카보베르데 선교에 그렇게 뜨거운 열정을 쏟을 줄 몰랐다고 했다. 경제적으로 부유한 사람들도 아닌데 거액의 우물 헌금도, 매달 선교비 후원도 넘치게 하더라는 것이었다. 사진은 우물 공사 현장이다.

문이 잘 안 닫힐 정도로 정말 가득 채워진 두 번째 컨테이너를 부산항으로 보내며, 아무리 코로나 시국이지만 간단하게라도 환송식을 하지 않을 수 없었다. 마침 방글라데시와 네팔 선교사들도 잠시 귀국해 있었기에 환송식에 참석해, 카보베르데까지 세 팀이 한자리에 모였다.

럼 뛰어다니셨다. 정말 흥미진진한 대역사였다.

나는 컨테이너에 물건이 그렇게 많이 들어가는지 몰랐다. 산더미같이 쌓여 다 넣을 수 없을 것 같아 이제 물품을 더 받지 못한다는 광고를 했는데 임 단장님의 노하우로 차곡차곡 채워가니 어마어마한 그 많은 물건이 다 들어갔다. 정말 신기할 정도였다.

임종성 장로님의 주선으로 인천광역시 치과의사회가 선적 포장까지 해 기증해주신 치과 장비 풀 세트와, 이동주택 안 사장이 경매장까지 가서 받아온 거의 새 스타렉스 승합차까지 꽉꽉 채우고 나니 그래도 뒤에 자리가 조금 남았다. 세 배로 뛴 비싼 운임을 생각하니 그 공간이 너무 아까워 J선교사에게 뭐 더 넣고 싶은 거 없는지 물었더니 '스마트 티브이' 세 개가 필요하다고 했다. 나는 또 손 벌릴 데를 이리저리 찾아 궁리 끝에 급기야 신학교 동기들까지 떠올리게 되었다.

세 사람을 선정해 하나씩 떠맡길 심산으로 가장 먼저 한신교회 김정봉 형한테 전화했더니 깜짝 놀라면서 "나한테 돈 들어온 거 어떻게 알았어? 귀신이네!"라며, 좀 전에 자기 교회 어떤 집사님이 생각지도 않은 보험금을 받고는 아무래도 자기가 쓸 돈은 아닌 것 같다며 가져왔다는 것이었다.

제민이, 경민이도 고맙게 아주 흔쾌히 즉시 송금해 주어서 스마트TV를 넣었으나 그건 부피가 크지 않아 빈자리는 여전했다. 안 되겠다 싶어 마지막 피치를 끝까지 올려 물건을 찾았고 막판에 '사랑의쌀나눔운동본부' 이선구 목사님이 연결되었는데, 부평 역전에서 빨간밥차로, 우리는 의료봉사로 함께 사역한 인연이 있어 아주 귀한 물건들로 빈자리를 꽉 채워주셨다.

생각해 보면 나는 참 빚을 너무 많이 지며 산다. 살수록 점점 더 심해지는 것 같다. 때로는 날강도가 따로 없다는 느낌이 든다. 빚진 죄인이라더니 늘 죄인 된 기분이다. 하나님께도, 주변 사람들에게도….

문이 잘 안 닫힐 정도로 정말 가득 채워진 두 번째 컨테이너를 부산항으로 보내며, 아무리 코로나 시국이지만 간단하게라도 환송식을 하지 않을 수 없었다. 특별히 아버지 장문원 목사님께 축복기도를 부탁드렸다. 아버지도 나만큼이나 기쁘셨는가 보다. 마침 방글라데시와 네팔 선교사들도 잠시 귀국해 있었기에 환송식에 참석해, 카보베르데까지 세 팀이 한자리에 모였다. 미안마 박진영 선교사도 국

다남교회(장기성 목사)는 물심양면으로 카보베르데에 물류를 보내는데 수고를 마다하지 않았다.

내에 있었으나 병원 근무 시간이어서 참석하지 못해 아쉬웠지만, 깜짝 팀워크(teamwork)를 다지는 계기가 되어 좋았다.

이번엔 코로나로 작은 잔치도 못해 아쉬웠는데 그 마음도 이렇게 달래주시는 게 느껴졌다. 나는 그 자리에서 '최악의 조건에서 최선으로 채워주신 하나님의 은혜'를 감사하며 남몰래 눈물을 훔쳐야 했다.

다남교회 장기성 목사가 한밤중에도 물건을 받느라 부목사와 함께 고생이 많았다. 자기는 처음에 교회 주차장에 컨테이너만 놓게 해주면 되는 건 줄 알았지, 이렇게 밤낮으로 '노가다'까지 해야 하는 건지는 몰랐다며 다시는 안 하겠다고 너스레를 떨었다. 그런데 놀라지 마시라. 소자에게 냉수 한 잔 대접한 수고도 반드시 갚아주시는 하나님(마태복음 10:42)께서 그 수고를 어떻게 갚으셨는지 아는가?

컨테이너를 보내자마자 오랫동안 팔리지 않던 교회소유 임야가 팔려 숙원이던 교회신축을 하게 해주셨다는 것이다. 그 수고를 얼마나 넉넉히 갚아주신 것인가? 그뿐이 아니다. 뒤이어 그의 외동딸(나의 조카) 은애가 그 어렵다는 미국 공인회계사 시험에 최종 합격하여 귀한 자격증(USCPA)을 취득하게 해주셨다는 사실이다. 얼마나 큰 보너스인가? 세상에 헛수고는 없다. 단지 아직은 그 열매가 보이지 않을 뿐인 것이다.

다음날 두 번째 컨테이너 운임까지 송금하고 합산해보니 처음 예산의 4~5배가 될 정도였으니 주변에선 다른 곳에 비해 너무 많이 해주는 거 아니냐고 우려하는 목소리도 작지 않았다. 다른 후원팀들의 시샘도 보였다. 자기네 사역보다 여기를 더 지원해 주는 것 아니냐는 눈치였다. 그래서 '여긴 형태가 다르다. 매월 운영비를 지원하는 게 아니니 5년만 놓고 보면 결코 많이 해주는 게 아니다.'라고 달래야 했다.

미얀마 사역팀을 컨테이너로 불렀다. 가정으로 치면 미얀마팀은 맏이다. 아버지가 없으면 맏이가 가장이 되듯, 맏이 노릇을 잘해야 한다고 했더니 고맙게도 이번 카보베르데 사역에 정말 맏이 노릇을 톡톡히 해줬고, 팀장 김세일 집사는 팀과는 별개로 개인적으로도 크게 후원해 주어서 얼마나 든든했는지 모른다.

여주병원 김종수 원장도 컨테이너까지 찾아와 두툼한 봉투를 내밀었다. 이사장님의 둘째 딸인 그의 아내 김자승 복지사가 오래전부터 방글라데시를 열심히 후원하고 있는데 내가 유일하게 결혼주례를 한 부부여서인지 늘 마음이 쓰인다.

J선교사 부부가 두 개의 컨테이너를 받으러 카보베르데로 떠난 지 한 달도 지나지 않아 수에즈운하에서 사고가 발생해 컨테이너선들

이 새카맣게 밀려 있는 사진이 뉴스로 전해졌다. 우리 컨테이너들은 어찌 되었을까 걱정되어 해운회사에 문의하니 첫 번째 컨테이너는 수에즈운하를 통과했지만 두 번째 컨테이너가 다른 항로로 멀리 돌아가고 있다는 것이었다.

그것도 걱정이었지만 우리는 첫 번째 컨테이너가 도착하는 날에 더 마음이 갔다. 그 일정에 맞춰 여기서 가는 사람들을 준비시켜야 했기 때문이었다. 워낙 거리가 멀고 코로나로 길이 막혀 더 멀리 우회해야 했는데 PCR 검사 유효시간은 72시간이었기에 그 시간 안에 도착하는 게 쉽지 않았다. 자칫하면 중간에 PCR 검사를 한 번 더 하고 결과지를 받는데 하루를 더 허비해야 하는 게 너무 큰 부담이어서 긴장하지 않을 수 없었다.

출발할 날짜가 정해지자 건축하는 사람들은 눈코 뜰 새 없이 바빠졌다. 격리기간까지 두 달 정도를 비워야 했기에 그 안에 하던 일들을 마무리하느라 밤을 새워 일해야 했다. 출국용 PCR 검사받을 시간을 내기도 어려울 만큼 쫓기며 공항으로 떠나는 시간까지 부랴부랴 일해야 했을 정도로 정신이 없었다.

안 사장에게 참 큰 빚을 졌다. 곤지암 자재회사 사장이 내게 은밀히 물었다. 안 사장이 어떻게 이리 돌변했는지, 같이 사업하는 사람으로서 이해가 되지 않는다는 거였다. 아무리 좋은 일이라지만 정도가 있지, 이렇게 큰 손해를 보면서 봉사하는 경우는 보지 못했다는 거였다. "거기다 임금도 받지 않는다면서요?"

그는 내게 홀려서 그리되었다고 웃어 넘겼다지만 내게 뭐가 있다고 그리되었겠는가. 그의 마음 저변에 묻혀 있었던 선한 욕망을 하나님께서 만지신 것 일 게다. 이윽고 웨딩 사업을 담당할 사람까지 네 명이 코로나를 뚫고 돌고 돌아 지도 끝 카보베르데를 향해 출국했다. 그런데 도대체 왜 이 사역은 하나도 순조롭게 되는 일이 없을까? 난데없는 날벼락이 계속 이어졌다.

그렇게 어렵게 간 사람들이 그 먼 카보베르데 공항에서 황당하게도 난데없이 감금당하면서 SOS를 하는 바람에 혼비백산하게 하질 않나, 외교부를 비롯해 여기저기 손을 써 봐도 길이 보이질 않아 뜬눈으로 밤을 지새우게 하질 않나, 어찌어찌 풀려나 시작된 보건소 건축공사가 3일을 넘기지 못하고 큰 갈등이 생겨 중단하고 그냥 돌아오질 않나….

누군가는 기도가 부족해서라 말하지만 아무리 생각해도 그보다는 이 사역이 너무도 귀하고 선한 일이기 때문일 것이다. 양화진에 묻혀 있는 순교자들, 그들이 그래서는 아닌 것처럼, 이 사역이 천사도 흠모할 만큼 너무도 고귀하고 선한 일이기 때문에 시샘하는 악한 세력이 가만 놔두지 않았기 때문이리라.

세상엔 두 종류의 신자가 있는 것 아닐까? 사탄이 신경 쓸 필요가 없어 아무 상관 하지 않는 신자와, 사탄이 가만 놔둘 수 없어 용을 쓰는 신자, 누가 진짜인지를 나는 양화진에 갈 때마다 다시 확인한다. 그 묘역을 거닐며 사탄이 더 시샘하게 살기를 또 다짐한다.

전혀 예기치 못한 청천벽력 같은 사태로 처음의 설계는 물거품이 된 일과 그 후 겪은 수많은 우여곡절은 생략한다. 그래도 그 큰 컨테이너 두 대에 빈틈없이 가득 실어 보낸 각종 물품들이 그 먼 아프리카대륙을 넘어 지도 끝에 있는 작은 섬나라 사람들에게 나누어지는

전혀 예기치 못한 청천벽력 같은 사태로 처음의 설계는 물거품이 된 일과 그 후 겪은 수많은 우여곡절은 생략한다. 그래도 그 큰 컨테이너 두 대에 빈틈없이 가득 실어 보낸 각종, 물품들이 그 먼 아프리카대륙을 넘어 지도 끝에 있는 작은 섬나라 사람들에게 나누어지는 사진을 보면서 그동안 우리가 흘린 땀과 애태웠던 마음고생이 헛되지 않다며 사람들의 마음을 다독였다.

사진을 보면서 그동안 우리가 흘린 땀과 애태웠던 마음고생이 헛되지 않다며 사람들의 마음을 다독였다.

보건소 건물을 짓는 공사가 다시 시작된 건 거의 1년이 지나서였다. 현지에는 조립식 건물이 전혀 없어서 백방으로 알아봤지만, 도저히 지을 방법이 없었기 때문이었다. 그런데 어느 날 J선교사가 알고 지내던 자동차 정비업자를 만났는데 우리 건축자재를 보더니, 철골 용접은 잘할 수 있다며 한 번 해보겠다는 것이었다. 다행인 건 우리가 매입해서 보낸 컨테이너가 훌륭한 창고가 되어 주어서 자재는 문제가 생기지 않았고, 안 사장이 컨테이너에 넣어왔던 공구들이 그대로 남아 있었던 것이었다.

카보베르데 세림보건소 건축은 그렇게, 건축기술자들이 아닌 자동차 정비기술자들에 의해 1년 만에 다시 시작되었다. 본업이 있으니 공사를 토요일밖에 하지 못했지만, 참으로 감사한 일은 그들이 무료로 봉사하겠다는 것이었다. 그들에게 어떻게 그리 아름다운 마음이 생겼는지 알 수 없는 일이었다.

지금 와 생각해보면 하나님의 섭리였다. 우리 생각에는 뭐가 이리 엉망으로 어그러지기만 하나 낙심했지만, 하나님은 아름다운 마음을 지닌 현지인들의 손으로 그들의 보건소를 짓고 싶으셨던 게 분명하다. 매주 토요일마다 보내오는 공사가 진행되는 모습을 보며 그 사실을 점점 더 깨닫게 되었고, 공사에 어설픈 모습마저도 그래서 오히려 더 아름답게 보였다. 평생을 목회했어도, 은퇴가 코앞인데도 이렇게 철이 없는 거 보면 아무래도 철들기는 틀린 것 같다.

지금 와 생각해보면 하나님의 섭리였다. 우리 생각에는 뭐가 이리 엉망으로 어그러지기만 하나 낙심했지만, 하나님은 아름다운 마음을 지닌 현지인들의 손으로 그들의 보건소를 짓고 싶으셨던 게 분명하다.

4개월여 만에 보건소 건물이 그럴듯하게 완공되었었다. 작은 나라이기 때문일까, 컨테이너로 가져간 물품들을 많이 나누었기 때문일까, 카보베르데에 사는 유일한 한국인이 세운 보건소에 관심이 뜨거웠다.

4개월여 만에 보건소 건물이 그럴듯하게 완공되고 개원식 준비가 시작되었다. 작은 나라이기 때문일까, 컨테이너로 가져간 물품들을 많이 나누었기 때문일까, 카보베르데에 사는 유일한 한국인이 세운 보건소에 관심이 뜨거웠다. 정부의 고위 인사들도 여럿이 참석을 알려왔다.

"보건소 마무리 공사가 한창입니다. 천장에 나무를 붙이고 마무리하는 작업이 꽤 시간이 걸리네요. 이제 막 거실과 방 두 개를 끝냈습니다. 그래도 함께 일하는 모두의 얼굴에는 점점 세워지는 보건소를 보며 웃음이 그치지 않고 있습니다.

개소 날을 6월 25일로 잡아서 초청장을 만들고 있습니다. 7월부터 휴가철이라 참석 여부는 확실하지 않지만, 보건부 장관과 교육부 장관등 각료 이사회 직원들이 참석할 것 같네요. 그리고 세네갈 한국대사님도 참석하시겠다 하니 책임감이 더 커져만 갑니다. 16일째 건축 사진을 보내드리며 다시 한 번 감사의 마음을 전합니다."

내게도 참석할 수 있는지 물어왔지만, 코로나뿐 아니라 러시아가 우크라이나를 침공하는 사태까지 벌어져 그러잖아도 먼 하늘길이 더 멀어져 난감했는데 번득 뇌리에 스치는 얼굴이 떠올랐다. 바로 대서양 건너 미국 동부 조지아주 사바나에서 목회하고 있는 이철호 목사였다. 애틀랜타에서 포르투갈 리스본을 거쳐 가면 멀지 않은 길이었다. 그는 우리를 대리하기에 적임자였다. 그들 부부 모두 아끼는 제자들이기도 했고 미국에 가기 전 우리 병원교회 부 교역자로 누

보내준 사진과 동영상으로 성대하게 치러진 개소식 모습을 보면서 그동안 수많은 우여곡절로 애태웠던 순간들이 주마등처럼 스쳐 지나갔다. 한편 기쁘고 보람되기도 했지만, 아직도 하나님의 섭리를 믿고 온전히 맡기지 못했던 철없음이 한없이 부끄럽고 죄송한 마음이 훨씬 더 커 눈물이 나왔다.

구보다 열심히 사역했던 친구였다. 바로 전화를 걸어 우리를 대신해 보건소 개소식에 참석해 줄 수 있겠는지 물었더니 흔쾌히 그렇게 하겠다고 했다.

보내준 사진과 동영상으로 성대하게 치러진 개소식 모습을 보면서 그동안 수많은 우여곡절로 애태웠던 순간들이 주마등처럼 스쳐 지나갔다. 한편 기쁘고 보람되기도 했지만, 아직도 하나님의 섭리를 믿고 온전히 맡기지 못했던 철없음이 한없이 부끄럽고 죄송한 마음이 훨씬 더 커 눈물이 나왔다. 이 가망 없는 못남과 부족함을 도대체 어찌해야 할지 모르겠다.

J선교사 부부가 개소식 몇 달 후 귀국해 우리를 찾아왔다. 우리 보건소가 문을 열자 매스컴의 영향까지 더해져 마치 황무지를 헤매던 목마른 사슴들이 물을 찾아 모여들 듯, 순식간에 지역의 오아시스가 되었고 약과 시설이 좋기로 소문이 나면서 보건소 파송 간호사들 사이에서 서로 우리 보건소에 배치받고 싶어 경쟁이 치열하다고 했다. 얼마 전엔 카보베르데를 관장하는 세네갈 대사가 방문해 카보베르데 명예영사로 상신하겠다고 했다며, 이젠 명예영사관도 겸하게 되어 태극기가 휘날릴 날이 멀지 않았다며 너스레를 떨었다.

이제 카보베르데 세림보건소는 내가 2선으로 한발 물러서도 될 것 같다. 개소식에 다녀온 사바나교회 이철호 목사와 근처에서 목회하는 그의 동서이자 나의 믿음직한 제자 한샘교회 지윤병 목사가 의기투합해 1선에 나서 주었기 때문이다. 물론 나의 부탁도 있었지만, 그들이 담임하고 있는 두 교회가 아주 적극적으로 카보베르데 후원

보건소가 문을 열자 매스컴의 영향까지 더해져 마치 황무지를 헤매던 목마른 사슴들이 물을 찾아 모여들듯, 순식간에 지역의 오아시스가 되었고 약과 시설이 좋기로 소문이 나면서 보건소 파송 간호사들 사이에서 서로 우리 보건소에 배치받고 싶어 경쟁이 치열하다고 했다. 카보베르데를 관장하는 세네갈 대사가 방문해 카보베르데 명예영사로 상신 하겠다고 했다며, 이젠 명예영사관도 겸하게 되어 태극기가 휘날릴 날이 멀지 않았다며 너스레를 떨었다.

에 한마음 한뜻이 되어 힘을 쏟는다.

우리 교단 미주총회가 50주년 기념으로 고국에서 열려 둘이 대의원으로 참석차 입국했다가 나를 찾아와 하는 말이, 자기들도 깜짝 놀랐다는 것이었다. 교인들이 카보베르데 선교에 그렇게 뜨거운 열정을 쏟을 줄 몰랐다는 것이었다. 경제적으로 부유한 사람들도 아닌데 거액의 우물 헌금도, 매달 선교비 후원도 넘치게 하더라는 것이었다. 거기서는 거리상으로도 멀지 않으니 정기적으로 방문도 하겠다고 했다. 얼마나 감사한 일인가? 하나님의 섭리가 얼마나 놀라운가 말이다.

14장

다섯 번째 동전의 기적, 케냐 세림클리닉

카보베르데에 컨테이너를 보내는 모습을 눈여겨보는 사람들이 꽤 많았나 보다. 컨테이너를 보내자마자 여기저기서 우리도 해달라는 요청이 왔다. 우리는 그 일로 진 빚을 갚을 길이 막막했고 또 카보베르데 현지에서의 일이 순조롭지 않아 온 신경이 거기 곤두서 있었기에 그런 요청이 귀에 들어오지 않았다. 그럼에도 불구하고 도저히 외면할 수 없는 손짓이 우리를 불렀다.

케냐의 수도 나이로비 변두리에서 유치원, 초등학교, 중학교 사역을 하는 C선교사가 우리를 찾아왔다. 학교에 양호실이 없어 현지 교육 당국으로부터 해마다 계속 지적을 당했지만, 여력이 되지 않아 한 해 한 해 미루어왔는데 이젠 더 이상 미룰 수가 없다는 것이었다. 이번에도 양호실을 설치하지 않으면 학교허가를 취소하겠다는 통보를 받았다는 것이다.

너무나 딱한 마음이 들어 상황을 좀 더 자세히 물었더니 정부의 지원이 전혀 없이 400여 명의 학생들을 가르치고 먹이는 게 보통 일이 아니었다. 빈민지역이어서 학생들 대부분이 학교에 와서 한 끼 먹는 게 전부라며 절실히 필요한 줄은 알지만, 현실적으로 보건 의료는 꿈도 꿀 수 없다는 것이었다.

그의 이야기를 들으며 그 일을 하고 싶은 마음이 간절했지만, 지금 우리도 처한 상황이 그런 꿈을 꿀 수 있는 형편이 아니었다. 코로나로 국내외 사역지마다 비상이 걸려있었을 뿐만 아니라, 발등에 떨어져 있는 카보베르데 보건소 건축 재개 문제만 해도 감당이 되지 않았고, 미얀마 쿠데타 사태로 우리가 2기 사역으로 운영하던 이뚜따 난민촌 병원이 폭격으로 사라져, 수습하고 다시 3기 사역을 찾아 시작하는 일로도 버거운 형편이었기 때문이었다.

이런 상황에 케냐 이야기를 꺼내기 어려워 고민하면서 급한 일을 먼저 하느라 몇 개월이 지나서였다. C선교사가 케냐 학교를 후원하는 재단법인 '선한 뜻'의 이사장, 허봉 장로님을 모시고 우리를 다시 찾아왔다. 학교 문을 닫을 수는 없어서 일단 건축은 시작했는데 아무리 찾아봐도 운영을 맡아줄 곳은 여기밖에 없다며 통사정을 하는 것이었다. 우리는 더 이상 버틸 수 없었다. 그래, 해보자 우리가 언제 할 수 있어서 한 적이 있나? 하면 되게 해주시지 않았는가 말이다.

우리는 학교가 있는 지역의 보건의료적인 형편을 좀 더 자세히 알아본 후, 양호실과 보건소를 겸한 클리닉으로 설립을 준비하기로 했다. 우리의 다섯 번째 동전의 기적은 그렇게 탄생하고 있었다.

얼마나 꿈같은 일인가? 꿈은 이루어진다더니 하나님의 은혜가 감개무량했다. 어려움이야 왜 없었겠는가. 세우는 일도 힘들지만, 유지하고 운영하고 발전시키는 일은 비교할 수 없을 정도로 어려운 일이었다. 자식을 낳는 일도 힘들지만, 그 자식을 키우는 일은 한도 끝도 없이 더 어려운 일이란 걸 점점 더 절감했다. 가지 많은 나무에 바람 잘 날 없다고, 여기저기서 가지가지 문제로 조용한 날이 없었다. 그런데 다섯 번째라니, 정말 꿈인가 생시인가 싶었다. 케냐를 결정하자 지난 일들이 주마등처럼 스쳐 지나갔다.

뒤돌아보니 한없이 부족한 우리를 가엽게 여기시고 베푸신 에벤에셀('도움의 돌'이라는 뜻으로 '하나님이 여기까지 도우셨다'라는 의미)의 은혜가 아닐 수 없어 뜨거운 눈물이 주르륵 볼을 타고 흘렀다.

케냐 세림클리닉이 설립됩니다

10년 동안 모은 동전으로 미얀마에 작은 진료소를 세워, 우리 사랑의 손길을 해외까지 펼치기 시작한 게 2012년이었습니다. 그 사랑은 멈추지 않고 2014년엔 방글라데시, 2017년엔 네팔, 2020년엔 카보베르데에 이어 2022년 성탄절, 케냐 세림클리닉이 설립됩니다.

다윗이 골리앗을 상대하러 나갈 때 시냇가에서 다섯 개의 조약돌을 고르고 또 골랐던 것처럼, 우리도 그 심정으로 다섯 개를 찾아 세우는 데 10년이 걸렸습니다. 10년이면 강산이 변한다더니 동전 모으기가 10년 만에 기적을 만들더니, 그 기적을 이은 다섯 개의 기적도 10년인 게 놀랍지 않습니까? 또 10년이 지나면 어떤 놀라운 일이 이루어질 지 자못 궁금해져 가슴이 벅차오릅니다.

우리 다섯 번째 조약돌, 케냐 세림클리닉은 케냐의 수도 나이로비 외곽 빈민가에 위치한 유·초·중학교 역내에 세워져 우선은 400여명 어린 학생들의 양호실과 빈민 지역의 보건소 역할을 겸하게 되어 기대가 큽니다.

우리가 거기서 어떤 생명을 건지게 될지, 이 작은 클리닉이 케냐의 소자들에게 얼마나 귀한 선물이 될지, 다윗이 골리앗을 이긴 것보다 큰일을 우리의 다섯 개 조약돌 중에서 보게 될지 누가 알겠습니까? 우리 세림, 세상의 숲이 이런 꿈을 안고 그 자락을 오늘도 더 넓혀가게 하심은 우리에게 베푸시는 특별하신 은혜가 아닐 수 없습니다. 이 멋진 일에 함께해주시는 모든 분들께 감사와 축하의 마음을 전합니다.

우리의 다섯 번째 동전의 기적 '케냐 세림클리닉'은 효남초등학교 교사 한쪽 끝에 붙여 2층으로 건축하고 각종 집기를 마련했다. 이미 공사가 상당히 진행되고 있었기에 완공까지는 시간이 오래 걸리지 않았고 때마침 졸업식 행사가 있어서 졸업식 후 현판식을 함께할 수 있었다.

그런데 전혀 우려하지 않았던 케냐 정부의 클리닉 설립 허가가 난데없이 발목을 잡았다. 당국의 요청을 넘어 협박으로 시작된 일 아닌가? 적극적인 협조와 지원을 기대하지는 않았지만 이렇게 온갖 꼬투리를 잡으며 발을 걸어 넘어질 줄은 꿈에도 몰랐다.

이런저런 우여곡절 끝에, 클리닉이 학교 안에 있으면 감염 우려가

BUSINESS NO. BN-EZCQQ3P5

THE REGISTRATION OF BUSINESS NAMES ACT
(Cap. 499, Section 14)
CERTIFICATE OF REGISTRATION

I hereby **CERTIFY** that, **EDITH KAIMENYERI MAGIRI, JOHNSON MWAURA NGIGI** carrying on business under the business name of

SERIM CLINIC KENYA

at **GROUND 1AND 2 KAMP CENTRE PLOT NO TWENTY THREE FIFTY FOUR DAGORETTI WAITHAKA, DAORETTI KABIRIA ROAD, NAIROBI DAGORETI DISTRICT, WAITHAKA, P.O BOX 76303, 00508 - YAYA TOWERS,** have/has been duly registered under Number **BN-EZCQQ3P5** pursuant to and in accordance with the provisions of the Registration of Business Names Act and Rule there under.

Given under my hand at **NAIROBI** on **21-2-2023**

Registrar

This is a system generated certificate. To validate this document send the word **BRS** to **21546**

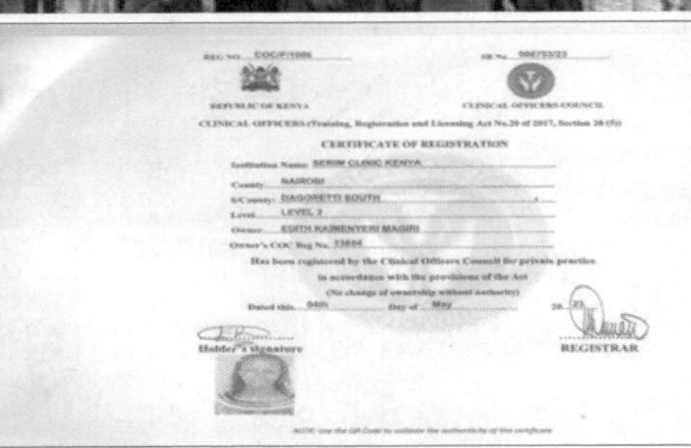

REPUBLIC OF KENYA

CLINICAL OFFICERS COUNCIL

CLINICAL OFFICERS (Training, Registration and Licensing Act No.20 of 2017, Section 28 (5))

CERTIFICATE OF REGISTRATION

Institution Name: SERIM CLINIC KENYA

County: NAIROBI

S/County: DAGORETTI SOUTH

Level: LEVEL 2

Owner: EDITH KAIMENYERI MAGIRI

Has been registered by the Clinical Officers Council for private practice

in accordance with the provisions of the Act

(No change of ownership without authority)

Dated this ______ Day of May 20 23

Holder's signature

REGISTRAR

얼마나 꿈같은 일인가? 어린 소녀의 작은 돼지저금통이 미얀마, 방글라데시, 네팔을 넘어 대서양의 이름도 생소한 작은 섬나라 카보베르데에 이어 아프리카 케냐에서까지 이렇게 꺼져가는 생명을 건지고 돌보는 일을 만들 줄 누가 알았겠는가? 오병이어의 기적은 그 옛날 벳세다 광야에서만 일어난 게 아니다. 그 후에도 계속 세상 곳곳에서, 그리고 오늘도 여기서 이렇게 일어나고 있는 걸 누가 부인할 수 있겠는가? 매월 초 각지에서 전해오는 소식들 속에는 위태로운 생명을 건지고 보듬는 모습들로 넘친다. 이게 기적이 아니라면 무엇이 기적이겠는가.

있으니 담장을 쌓아 학교와 분리하라는 마지막 요구까지 이행한 후에도 직원 채용과 운영 문제로 허가를 내주지 않았다. 결국 11월에 준공하고 현판식을 했는데 해를 넘겨 2023년 5월이 되어서야 허가를 받을 수 있었다.

케냐 세림클리닉은 우선 400여 명 학생들의 양호실로 시작하여 그들 가족을 중심으로 지역사회의 보건소가 되는 것을 넘어 훌륭한 클리닉으로 성장하는 비전을 품고 있다. 중점사역은 산모와 영아를 돌보는 모자보건, 특히 에이즈가 대물림 되는 것을 막는 일이 될 것이다.

"작년 9월 말경 보내주신 학용품과 의약품(구충제)을 11월 말 수령하였으나 학교의 방학으로 나누어 주지 못하고 1월 23일 개학하면서 공급하였습니다.

효남초등학교 250명과 10명의 교사와 그 가족 50명 그리고 현재 중학교 건축에 일하고 있는 인부 8명과 가족 30여 명 또한 함께 사역을 돕고 있는 스카이 아카데미의 70명의 학생에게도 함께 나누어 주었습니다. 함께 보내주셨던 유아용 의류도 분유 급식을 시작한 자녀들에게 유용하게 사용하였습니다.

아프리카에서 많은 질병으로 인한 어려움이 있지만 무엇보다도 에이즈의 문제가 심각합니다. 에이즈에 걸린 산모가 제왕절개로 분만하고 모유수유를 하지 않고 분유를 먹이면 에이즈와 관계없이 아이를 키울 수가 있습니다. 그래서 우선 3가정 분유 공급을 시작하였습니다. 공교롭게도 세 가정 모두 편모 슬하에 자녀를 키우고

케냐 세림클리닉은 우선 400여 명 학생들의 양호실로 시작하여 그들 가족을 중심으로 지역사회의 보건소가 되는 것을 넘어 훌륭한 클리닉으로 성장하는 비전을 품고 있다. 중점사역은 산모와 영아를 돌보는 모자보건, 특히 에이즈가 대물림 되는 것을 막는 일이 될 것이다.

있습니다."

얼마나 꿈같은 일인가? 어린 소녀의 작은 돼지저금통이 미얀마, 방글라데시, 네팔을 넘어 대서양의 이름도 생소한 작은 섬나라 카보베르데에 이어 아프리카 케냐에서까지 이렇게 꺼져가는 생명을 건지고 돌보는 일을 만들 줄 누가 알았겠는가?

오병이어의 기적은 그 옛날 벳세다 광야에서만 일어난 게 아니다. 그 후에도 계속 세상 곳곳에서, 그리고 오늘도 여기서 이렇게 일어나고 있는 걸 누가 부인할 수 있겠는가? 매월 초 각지에서 전해오는 소식들 속에는 위태로운 생명을 건지고 보듬는 모습들로 넘친다. 이게 기적이 아니라면 무엇이 기적이겠는가.

앞에 쓴 책에 담았던 1,000원의 기적도, 그리고 이 책에 담은 동전의 기적도, 그 옛날 이름 없는 소년, 소녀와 같이 작은 손에 들린 갸륵한 사랑을 통해 하나님께서 만드신 오병이어의 기적이기에 그동안의 이야기를 간추려 기록하는 내내 감동과 감사의 눈물을 감출 수 없었다.

지금까지 함께해준 수를 헤아릴 수 없이 많은 얼굴들이 눈앞에 펼쳐진다. 온 땅이 이름 없는 들꽃으로 가득하더니 고개를 들어보니 하늘에도 이름 모를 뭇별들이 가득해 황홀하기 그지없다. 한 사람 한 사람 다 찾아 안아 드리지 못하지만, 이 책이 감사 인사와 보고, 그 진한 나의 포옹을 대신해 주었으면 좋겠다.

이 책에 담지 못한 이야기가 너무 많아서 아쉽기 그지없지만, 10년쯤 지나 그 이야기를 쓸 수 있게 되는 날이 오고, 그날까지 나를 살게 하시면 여기 담지 못한 더 진한 은혜의 이야기를 속편에 담아 쓰게 될 것 같다. 설령 내가 쓰지 못한다 해도 누군가 분명 쓰게 해 주시리라 믿어 아쉬움을 내려놓는다.

이제 언더우드의 꿈을 품은 다섯 개의 기지가, 다섯 개 물맷돌이 다윗의 제구에 담겼던 것처럼 우리의 품 속에 안겨 있다. 확신하건대 우리 안에 다윗의 믿음과 기도와 정성이 머무는 한 더 놀라운 기적을 이룩해 나가게 하실 것이다.

펜을 놓으려 생각하니 마음에 걸리는 사람들이 떠오른다. 모두 하나같이 나를 돕고 싶어 안타까운 마음으로 다가왔던 사람들이다. 이 귀한 사업을 더 크게 만들어 주려고 갖가지 방법을 제안했는데 나를 설득하다가 지쳐 아쉬운 마음으로 돌아선 분들이다.

그때도 이해 못 하셨으니, 이 책 끝에 붙이는 이 부언이, 이해할 수 있는 변명이 될 지는 모르겠다. 그것은 앞에 쓴 책, 『사랑은 사랑을 낳는다』 서두에 밝힌 내가 받은 소명 때문이다. 이름 없는 들꽃 앞에서 하나님은 내게 물으셨다. "너도 이 꽃처럼 살 수 있겠느냐?" 나는 그 물으심을, 유명해지고 커지면 이쁠 수 없으니, 너는 이름 없이, '크게 아니라 이쁘게' 할 수 있겠느냐는 물음으로 들었고 그 하나님의 음성을 조건부 허락으로 알고 약속한 걸 한시도 잊을 수 없었기 때문이다.

사업하시는 분으로서는 이해가 도무지 불가능해 답답하고 섭섭하셨을 것이다. 사업과 사역은 비슷해 보이지만 전혀 다르고 정반대인 면이 많은 걸 고려해주셨으면 좋겠다. 사업적인 성공이 사역으로는 실패인 경우도 많다. 나는 오늘도 하나님이 내게 그걸 묻고 계신다고 생각한다.

바라기는 내가 은퇴하더라도, 다른 건 몰라도 '크게 가 아니라 이쁘게'라는 우리만의 이 특별한 소명은 흐려지거나 저버리지 않았으면 좋겠다. 모든 것은 하나님 손에 있다. 하나님이 이쁘게 보시면 다 되지만 하나님의 눈 밖에 나면 아무것도 되는 게 없다. 되도 되는 게 아니다. 일뿐만이 아니다. 인생도 그렇다.

닫는 글

한 송이 이름없는 들꽃처럼

하나님은 1983년 부평 세림병원에 부임한 이래 40년 동안 무모한 도전을 계속하게 하셨다. 크게 세 개로 묶으면 첫째, '병원목회', 둘째, '무료병동', 셋째, '해외의료'로 정리할 수 있는데, '병원목회'에 도전한 이야기는 『그래도 남아 있는 게 너무 많아요』(대한기독교서회, 1999)에, '무료병동'에 도전한 이야기는 『사랑은 사랑을 낳는다』(두란노, 2011)에 담겨 있고 이 책은 '해외의료'에 도전한 이야기이다. 무엇이든 점점 더 강도가 높아진다고 하지만 이 세 번째 도전은 아직도 무모해 보여 언더우드의 기도를 자주 되뇌이게 한다.

오, 주여!
지금은 아무것도 보이지 않습니다.

주님, 메마르고 가난한 땅

나무 한그루 시원하게 자라 오르지 못하고 있는 땅에
저희들을 옮겨와 심으셨습니다.
그 넓고 넓은 태평양을 어떻게 건너왔는지 그 사실이 기적입니다.

주께서 붙잡아 뚝 떨어뜨려 놓은 듯한 이곳
지금은 아무것도 보이지 않습니다.
보이는 것은 고집스럽게 얼룩진 어둠뿐입니다.
어둠과 가난과 인습에 묶여 있는 조선사람뿐입니다.

그들은 왜 묶여 있는지도, 고통이라는 것도 모르고 있습니다.
고통을 고통인 줄 모르는 자에게
고통을 벗겨주겠다고 하면
의심부터 하고 화부터 냅니다.

조선남자들의 속셈이 보이지 않습니다.
이 나라 조정의 내심도 보이질 않습니다.
가마를 타고 다니는 여자들을
영영 볼 기회가 없으면 어쩌나 합니다.

조선의 마음이 보이지 않습니다.
그리고 저희가 해야 할 일이 보이질 않습니다.

그러나 주님, 순종하겠습니다.

겸손하게 순종할 때 주께서 일을 시작하시고
그 하시는 일을 우리들의 영적인 눈이
볼 수 있는 날이 있을 줄 믿나이다.

"믿음은 바라는 것들의 실상이요,
보지 못하는 것들의 증거니…"라고 하신 말씀을 따라
조선의 믿음의 앞날을 볼 수 있게 될 것을 믿습니다.

지금은 우리가 황무지 위에
맨손으로 서 있는 것 같사오나,

지금은 우리가 서양귀신 양귀자라고
손가락질 받고 있사오나,

저들이 우리 영혼과 하나인 것을 깨닫고
하늘나라의 한 백성 한 자녀임을 알고
눈물로 기뻐할 날이 있음을 믿나이다.

지금은 예배드릴 예배당도 없고 학교도 없고
그저 경계와 의심과 멸시와 천대함이
가득한 곳이지만
이곳이 머지않아 은총의 땅이 되리라는 것을 믿습니다.

주여! 오직 제 믿음을 붙잡아 주소서!

어언간 나의 목회를 마무리해가는 시점에 아직도 무모해 보이는 이 마지막 소명 이야기를 정리하면서 보니 신학교에 발을 들이게 된 것부터 시작해 50여 년, 나의 목회 여정 전체가 시종일관 내 생각대로 된 게 하나도 없었던 사실을 알게 되었다.

그런데 한 걸음 한 걸음 돌아보니 내 생각대로 해주셨으면 큰일 날 뻔했다. 내 뜻대로 해주지 않으신 게 얼마나 다행인지 모른다. 이 세 번째 소명에서도 하나님은 나의 부족함 대로 되게 내버려 두지 않으시고 그 부족함까지도 역으로 사용해 이렇게 아름다운 이야기들을 만들어 주시는 은혜를 보게 하시니 아직도 내 눈에는 무모해 보여도 더 이상 걱정하지 않기로 했다. 하나님께서 알아서 하실 테니까 말이다.

나는 겨우 이제야 '내 뜻대로 마옵시고 주 뜻대로 하옵소서' 온전히 맡길 수 있게 되었다. '주 뜻대로'가 '내 뜻대로'보다 훨씬 더 낫다는 걸, 내 뜻대로 해주시지 않은 게 축복이었음을 뒤늦게 깨달았기 때문이다. 때로는 아무리 애를 써도 아무것도 보이지 않는 일이 있다. 그러나 낙심해서는 안 된다. 그것은 내 어리석은 생각과 시각일 뿐이다. 하나님의 생각과 계획은 그게 아닐 수도 있기 때문이다.

설령 내 생각과 계획이 하나님과 일치하더라도 지금은 아무것도 보이지 않을 때도 있다. 그러나 포기하거나 가는 길을 멈추어선 안 된다. 헛고생은 없다. '아직은' 보이지 않을 뿐이기 때문이다. 오래 전 아주 감명 깊게 읽고 병원교회 주보에 실었던 이야기로 글을 맺는다.

〈깨어진 물동이〉

조금 깨어져 금이 가고 오래된 못생긴 물동이 하나가 있었습니다. 그 물동이 주인은 다른 온전한 것들과 함께 그 깨어진 물동이를 물을 길어 오는 데 사용했습니다. 오랜 세월이 지나도록 그 주인은 깨어진 물동이를 버리지 않고 온전한 물동이와 똑같이 아끼며 사용했더랍니다.

깨어진 물동이는 늘 주인에게 미안한 마음이었습니다. '내가 온전치 못하여 주인님에게 폐를 끼치는구나. 나로 인해 그토록 힘들게 구한 물이 새어버리는데도 나를 아직도 버리지 않으시다니….'

어느 날 너무 죄송하고 미안하다 느낀 깨어진 물동이가 주인께 물었습니다. "주인님, 어찌하여 저를 버리고 새로운 온전한 항아리를 구하지 않으시나요. 저는 별로 소용 가치가 없는 물건인데요?"

주인은 그의 물음에 아무 말도 하지 않은 채 그 물동이를 지고 계속 집으로 가고 있었습니다. 그러다가 어느 길을 지나면서 조용하고 부드럽게 말했습니다. "얘야, 우리가 걸어온 길을 보아라."

그제야 물동이는 그들이 늘 물을 길어 집으로 걸어오던 길을 돌아보았습니다. 길가에는 예쁜 꽃들이 아름다운 자태를 자랑하듯 싱싱하게 피어 있었습니다. "주인님, 어떻게 이 산골 길가에 이렇게 예쁜 꽃들이 피어 있을까요?" 주인이 빙그레 웃으며 말했습니다. "메마른 산 길가에서 너의 깨어진 틈으로 새어 나온 물을 먹고 자란 꽃들이란다."